ALÉM DA GLOBALIZAÇÃO

Hazel Henderson

ALÉM DA GLOBALIZAÇÃO

Modelando uma Economia Global Sustentável

Tradução
MARIA JOSÉ SCARPA

EDITORA CULTRIX
São Paulo

Título original: *Beyond Globalization: Shaping a Sustainable Global Economy*.

Copyright da Introdução © 2003 Hazel Henderson.

Copyright © 1999 Hazel Henderson.

Copyright da edição brasileira © 2003 Editora Pensamento-Cultrix Ltda.

1ª edição 2003 (catalogação na fonte, 2007)

6ª reimpressão 2014.

Publicado pela primeira vez em inglês pela Kumarian Press, Inc.,
1294 Blue Hills Avenue
Bloomfield, CT 0602, USA
© Kumarian Press, Inc.

A tradução de *Beyond Globalization: Shaping a Sustainable Global Economy*, de Hazel henderson,
é publicada sob acordo com Kumarian Press, Inc.

Todos os direitos reservados. Nenhuma parte deste livro pode ser reproduzida ou usada de
qualquer forma ou por qualquer meio, eletrônico ou mecânico, inclusive fotocópias, gravações
ou sistema de armazenamento em banco de dados, sem permissão por escrito, exceto nos casos.
de trechos curtos citados em resenhas críticas ou artigos de revistas.

A Editora Cultrix não se responsabiliza por eventuais mudanças ocorridas nos endereços
convencionais ou eletrônicos citados neste livro.

Dados Internacionais de Catalogação na Publicação (CIP)
(Câmara Brasileira do Livro, SP, Brasil)

Henderson, Hazel
Além da Globalização : modelando uma economia global sustentável / Hazel Henderson ;
tradução Maria José Scarpa. -- São Paulo : Cultrix, 2007.

Título original : Beyond Glablization : shaping a sustainable global economy.
3ª reimpr. da 1ª ed. de 2003.
Bibliografia.
ISBN 978-85-316-0781-3

1. Concorrência internacional 2. Relações econômicas internacionais 3. Integração
econômica internacional I. Título. II. Título: Modelando uma economia global sustentável.

07-6068   CDD-337

Índices para catálogo sistemático:
1. Relações econômicas internacionais 337

Direitos de tradução para a língua portuguesa
adquiridos com exclusividade pela
EDITORA PENSAMENTO-CULTRIX LTDA.
Rua Dr. Mário Vicente, 368 – 04270-000 – São Paulo, SP
Fone: (11) 2066-9000 – Fax: (11) 2066-9008
E-mail: atendimento@editoracultrix.com.br
http://www.editoracultrix.com.br
que se reserva a propriedade literária desta tradução.
Foi feito o depósito legal.

"Na atualidade, o mais importante, na minha opinião, é estudar os motivos pelos quais a humanidade nada faz para afastar as ameaças que tão bem conhece, e porque ela se permite ser conduzida por um tipo de movimento permanente. Não é suficiente inventar novas máquinas, novas regulamentações, novas instituições. É necessário mudar e melhorar nossa compreensão acerca da verdadeira finalidade de nossa existência e o porquê de estarmos neste mundo. É somente com essa nova compreensão que poderemos desenvolver novos modelos de comportamento, novas escalas de valores e metas e, conseqüentemente, investir nas regulamentações globais, tratados e instituições com um novo espírito e significado."

VÁCLAV HAVEL,
Presidente da República Tcheca

Sumário

Lista de Ilustrações 8

Introdução 9

1. Globalização: Os Atuais Dilemas 51

2. Da Economia para o Pensamento Sistêmico 64

3. Além da Globalização 81

Lista dos Tratados Internacionais 148

Lista de Quadros 154

Bibliografia Selecionada 163

Periódicos 169

Diretório de Organizações 173

Lista de Ilustrações

Figura 1   Sistema Produtivo Total de uma Sociedade
            Industrial.. 65

Figura 2   A Idade da Luz.. 68

Figura 3   Diferentes Modelos de Mercados e
            Recursos Comuns Globais..................................... 77

Figura 4   Tecnologias de Ponta que Imitam a Natureza......... 124

Figura 5   A Nova "Economia da Atenção"............................ 136

Quadro 1   O Sistema das Nações Unidas............................... 154

Quadro 2   Carta da Democracia Global:
            12 Áreas de Ação Urgente..................................... 155

Quadro 3   Agenda Canadense de 10 Itens:
            Enfrentando o Desafio Global de Erradicação
            da Pobreza.. 158

Quadro 4   Menu de Opções de Políticas para a Reforma
            Financeira Global.. 160

Introdução

Desde a entrada deste novo século, o debate sobre a globalização evoluiu para um debate bem mais amplo sobre o futuro da família humana em nosso pequeno planeta ameaçado. O ponto crítico deste novo e mais sofisticado debate emana do Brasil. A elegante cidade de Porto Alegre não é apenas uma entrada para o histórico e lindo estado do Rio Grande do Sul. Esta cidade, que acolheu imigrantes durante 300 anos, hoje é sede do Fórum Social Mundial (*World Social Forum*), onde milhares de líderes da sociedade cívica mundial encontram-se anualmente para reexaminar novas formas de globalização mais humanas, mais favoráveis à ecologia e mais sustentáveis. A cidade suíça de Davos é sede do Fórum Econômico Mundial (*World Economic Forum*), onde chefes de Estado se encontram com os presidentes (CEOs) das maiores corporações transnacionais com o objetivo de expandir o crescimento econômico pelo crescimento das exportações, do comércio mundial, dos mercados abertos, das privatizações e da desregulamentação, tudo em conformidade com os textos ortodoxos sobre economia e com o agora famoso "Consenso de Washington" (*Washington Consensus*).

Porto Alegre, por outro lado, é o berço do lema "Outro mundo é possível" e dos grupos cada vez maiores de pensadores criativos e de gente que faz. Esses globalistas arraigados estão determinados a reformular a atual globalização econômica para fazer frente às necessida-

10 ALÉM DA GLOBALIZAÇÃO

des de 2 bilhões de pessoas excluídas do crescimento econômico. Essa coalizão cada vez mais forte de cidadãos globais representa organizações cívicas que trabalham em prol dos direitos humanos, justiça social, reforma agrária, concessão dos direitos de cidadania, igualdade para as mulheres, minorias, populações indígenas, participação política, democracia, acesso a crédito, investimentos e apoio a empreendimentos locais e desenvolvimento econômico interno. Essas questões são tidas como essenciais e sinérgicas para a criação de comunidades e modos de vida ecologicamente sustentáveis, com metrópoles e cidades planejadas em função das pessoas e não dos veículos, com produtos e serviços ecologicamente corretos, com o uso de recursos e de energia renováveis, a prática da reciclagem e de uma agricultura e alimentos livres de pesticidas.

Para a velha-guarda em Davos, somente o aumento do crescimento econômico do "Consenso de Washington" pode levar à terra prometida do desenvolvimento eqüitativo, ecologicamente sustentável. Lá, os encontros do Fórum de Economia Mundial estão sintonizados nas mesmas visões: redução da pobreza, melhores condições de tratamento de saúde, educação, mais democracia, meio ambiente mais limpo — o que, segundo eles, é mais facilmente alcançado quando se atinge o Santo Graal: o desenvolvimento econômico. A globalização econômica e tecnológica sempre foi projeto das corporações globais, dos financistas e de seus aliados políticos nas sociedades industriais amadurecidas. O ponto de partida foi o entusiasmo de Ronald Reagan e Margareth Thatcher com o "livre" mercado. Este modelo de capitalismo anglo-saxão foi seguido pelas políticas do "Consenso de Washington" que vemos até hoje.

A Organização Mundial do Comércio (*World Trade Organization* — WTO), a NAFTA e a incipiente Área de Livre Comércio das Américas (*Free Trade Area of the Americas*) seguem todas a mesma receita para o crescimento do PNB a partir do crescimento de exportações, mercados de capitais abertos, moedas conversíveis, privatização, desregulamentação, comércio mundial crescente. Embora se tenha hoje provas — desde a crise asiática de 1997, a inadimplência da Rússia e agora a da Argentina — os ideólogos que acreditam nesta forma de

INTRODUÇÃO 11

globalização ainda promovem estas políticas através do grito já familiar: Não Há Alternativa (*There Is No Alternative* — TINA). Como sabem os psiquiatras, as pessoas que não conseguem conceber qualquer alternativa ao próprio comportamento atual estão fadadas a sofrer de depressão clínica. Os cientistas também fazem notar que é ilógico pensar que a repetição de um experimento similar possa conduzir a resultados não-similares. Fica claro que o choque dessas duas visões diferentes do futuro da humanidade deve ter suas raízes em pontos de vista globais, premissas e sistemas de crenças muito diferentes. Trazer à superfície esses diversos paradigmas de economia e desenvolvimento pode ajudar a expor as raízes do debate sobre caminhos alternativos para o futuro comum da humanidade. Essa batalha de paradigmas constitui o tema deste livro.

Para mim, a batalha teve início nos anos 60, quando ajudei a fundar um grupo cívico na poluída cidade de Nova York, chamado "Cidadãos pelo Ar Puro" (*Citizens for Clean Air*). A maioria, composta por jovens mães como eu, estava preocupada com a saúde de nossos filhos, o aumento da asma, o chumbo tóxico presente nas emanações da gasolina e de tintas, a incineração de lixo em milhares de incineradores existentes em apartamentos residenciais, a fumaça das fábricas e instalações de geração de energia, o asbesto na construção — bem como o congestionamento de tráfego, a poluição e o ruído nos aeroportos. Persuadimos os veículos noticiosos e o governo da cidade a divulgarem um índice diário de poluição em todas as previsões de tempo. Tínhamos lideranças de bairro nos cinco subdistritos da cidade de Nova York, e nos tornamos bastante famosas após persuadir uma agência de publicidade conhecida do público, a Carl Ally, Inc., a nos ajudar a veicular anúncios de utilidade pública em toda a mídia de Nova York. Após sacos de correspondência e pequenas doações da população, e muitas cartas de "ódio" dizendo que a nossa campanha abalaria a economia de Nova York, muitos profissionais de relações públicas corporativas me desafiaram. Disseram-me que eu não entendia de economia e que as propostas do Cidadãos pelo Ar Puro (visando fazer cumprir as leis sobre poluição, banir o asbesto, eliminar o chumbo da gasolina e da tinta, aumentar a eficiência dos combustí-

12 ALÉM DA GLOBALIZAÇÃO

veis dos veículos, reprojetar a cidade com maior número de vias para pedestres e transporte público, e eventualmente substituir os combustíveis fósseis por energia e recursos renováveis) eram todas irrealistas e antieconômicas.

Na verdade, foram necessários mais de trinta anos para que essas tecnologias e princípios de projetos alternativos começassem a entrar na corrente principal da sociedade. O atraso não se deveu à falta de disponibilidade dessas tecnologias mais limpas, mais verdes, com mais pessoas e favoráveis à ecologia. Na realidade, setores industriais de grande porte, compreendendo milhares de corporações, têm impedido a transição. Tais empresas e associações de comércio utilizam lobistas, contribuições para campanhas de políticos coniventes, processos contra grupos cívicos para intimidar protestos e uma barragem de publicidade e relações públicas nos meios de comunicação de massa. A longa guerra dos paradigmas continua durante esta grande transição, da industrialização primitiva e suas formas de crescimento econômico insustentáveis para caminhos mais sustentáveis de desenvolvimento. Em nosso mundo, atualmente interdependente, a batalha entre os países e dentro dos países ainda cria fileiras de vencedores e perdedores. Por exemplo, a batalha pelo banimento do asbesto e os casos de câncer e outros problemas de saúde provocados por seu uso resultaram em 200.000 reivindicações desde 1966, na falência de dúzias de empresas importantes e obrigações securitárias relativas a um terço da conta final prevista de 200 bilhões de dólares. A taxa final de mortalidade, ferimentos e doenças provocados pela exposição ao asbesto não será conhecida até que todas as queixas (numa faixa de 1,1 milhão a 2,5 milhões) sejam julgadas. Histórias similares envolvem a batalha para o banimento de chumbo da gasolina e de milhares de produtos, depois que pesquisas iniciadas nos anos 60 nos EUA demonstraram que os níveis de chumbo no corpo de crianças estavam relacionados com o baixo desenvolvimento intelectual e com outros danos neurológicos.

A compreensão científica de como os primeiros processos industriais exauriram e poluíram os ecossistemas locais e do planeta, bem como dos impactos adversos na saúde humana, no bem-estar das co-

INTRODUÇÃO **13**

munidades e nas culturas, emergiu lentamente. Essas novas descobertas apresentam um desafio poderoso ao modelo de desenvolvimento econômico e globalização do "Consenso de Washington". As realidades atuais de mudanças no clima global, desertificação, poluição e escassez das águas, perda de florestas e de biodiversidade, ruptura social e cultural, bolsões de pobreza crescentes estão forçando o debate sobre a reformatação da globalização para além das correntes econômicas ortodoxas.

Modelos sofisticados de computadores e imagens por satélite mostram claramente os efeitos antropogênicos em nosso planeta causados pela família humana, atualmente composta por 6 bilhões de membros. Os modelos de avaliação de risco calculam os riscos climáticos das tecnologias de energia baseadas em combustível fóssil e nuclear, algumas das quais não podem ter seguro, podendo apenas ser seguradas por parte dos governos — tais como as usinas de energia nuclear. As companhias de seguro, lideradas pela gigantesca Swiss Re, não fazem mais seguros contra mudanças de clima relacionadas a desastres climáticos e eliminaram de seus portfólios as empresas baseadas em combustíveis fósseis em favor das empresas que utilizam energia solar, eólica, de hidrogênio e de baterias. A Innovest, uma firma prestadora de serviços financeiros com escritórios em Toronto, Nova York, Londres e São Paulo, utiliza modelos de computador para avaliar os riscos ambientais de corporações e construir portfólios de fundos mútuos de investimento "verdes" em novas tecnologias.

Os investimentos socialmente responsáveis atingiram, somente nos EUA, 2,3 trilhões de dólares em 2001. Desde o estouro da bolha "ponto-com" em Wall Street e os ataques terroristas em 2001, os investidores perderam trilhões de dólares. Por ocasião dos escândalos provocados pela ENRON e pela onda de crimes corporativos, milhões de pessoas perderam seus empregos, aposentadoria e poupança. No final de 2002, os mercados de capitais americanos permaneceram em depressão à medida que pequenos investidores amedrontados tiravam seu dinheiro dos fundos mútuos e investiam seu patrimônio decrescente em habitação. Horrorizados com a ganância desmedida e a avidez por lucros que tinham subjugado qualidades como integridade,

14 ALÉM DA GLOBALIZAÇÃO

honestidade, responsabilidade, fidelidade às leis e a comprometimentos legais, os investidores perderam a confiança no capitalismo americano. É significativo o fato de que, enquanto pequenos investidores assistiam ao desaparecimento de suas pensões e planos de aposentadoria individual, os recursos canalizados para fundos mútuos socialmente responsáveis *aumentaram* em 3%. Cada vez mais cautelosos, esses investidores passaram a querer a garantia de uma vigilância mais estrita sobre a administração corporativa, a auditoria do desempenho social e ambiental oferecidos por tais fundos. O negócio socialmente responsável está bem estabelecido no Brasil, com a liderança do Instituto Ethos de Empresas e Responsabilidade Social, fundado por Oded Grajew, e outros grupos; o instituto de desenvolvimento gerencial e de liderança Amana-Key Desenvolvimento & Educação de São Paulo (de cujo corpo docente tive o orgulho de fazer parte), a associação de pequenos negócios SEBRAE, que dá apoio ao desenvolvimento local e comunitário, e muitos outros.

A Agenda Brasileira 21 fornece um mapa inovador de sustentabilidade progressiva para todos os setores, liderada por Aspásia Camargo, ex-chefe do Ministério do Meio Ambiente no Brasil, e pela Fundação Getúlio Vargas, onde a Dra. Camargo ocupa a presidência do Centro Internacional para o Desenvolvimento Sustentável. A ex-senadora Marina Silva será uma líder importante como nova Ministra do Meio Ambiente. Hoje, o Brasil e toda a América Latina têm a oportunidade histórica de abrir um novo caminho para o desenvolvimento humano eqüitativo e sustentável e de liderar a ofensiva para a transformação da industrialização primitiva dando um salto sobre os modelos insustentáveis do passado. A China agora também está aprendendo com os erros da antiga revolução industrial e adaptando o que é pertinente nas antigas ideologias européias sobre capitalismo e comunismo, a fim de forjar um modelo chinês de desenvolvimento com base em sua herança cultural de 6.000 anos. Da mesma forma, muitos outros países em desenvolvimento estão reavaliando suas culturas e experiências. Este "DNA cultural" constitui a verdadeira riqueza das nações: os valores da coesão social, a solidariedade humana, o respeito pela vida, que é o cerne da criatividade, tolerância,

INTRODUÇÃO 15

iniciativa e inovação em todas as culturas. Tais valores e ética fundamentais podem ser documentados, como foi feito nos 16 princípios da Carta da Terra (*The Earth Charter* www.earthcharter.org), na Declaração do Parlamento das Religiões Mundiais (*Declaration of the Parliament of the World's Religions* — 1993), na Declaração de Praga (*The Prague Declaration* — 2001), que agora estão sendo examinados pela Comissão Mundial sobre as Dimensões Humanas da Globalização (*World Commission on the Human Dimensions of Globalisation*), com base em Genebra. Esses valores e ética fundamentais, comuns a toda a humanidade, entesourados nos tratados e nos trabalhos de estabelecimento de normas das Nações Unidas desde 1945, incluem a Declaração Universal dos Direitos Humanos e estão documentados neste livro. Em 2002, a ratificação histórica do Tribunal Criminal Internacional pela maioria dos estados membros foi rompida de maneira chocante pelo país que adotei, os EUA.

O debate sobre a globalização nos poucos anos que virão deverá enfocar o desafio aos EUA como única superpotência militar do mundo e quanto às ambições imperiais e políticas unilaterais do governo Bush. As políticas dos EUA: as ameaças de guerra no Iraque; a rude retórica ao tachar os países — Iraque, Irã e Coréia do Norte — como sendo "o eixo do mal"; os apelos arrogantes para que todos os países se alinhem "a favor dos EUA ou contra nós"; o documento oficial de Setembro/2002 reivindicando o direito americano de ataque preventivo sobre outras nações — não constituem apenas uma contravenção à lei internacional e à Carta das Nações Unidas; criam um clima perigoso e abrem precedentes que apresentam risco de emulação por parte de outros países, conforme salientei em meu editorial para a *Inter-Press News Service*, "Procura-se: Mudança de Regime nos EUA" (Set/2002, consulte meu website www.hazelhenderson.com).

O protesto global contra essa unilateralidade temerária dos EUA está levando a um sentimento antiamericano largamente difundido junto à opinião pública em muitos países, inclusive entre aliados como Reino Unido, Alemanha, França e outros da União Européia. A Coréia do Norte aproveitou a oportunidade da preocupação dos EUA com os preparativos da guerra contra o Iraque para anunciar que pos-

16 ALÉM DA GLOBALIZAÇÃO

sui armas nucleares e que vai reiniciar a operação de suas próprias instalações nucleares — na esperança de chantagear os EUA para obter mais ajuda e o longamente ansiado pacto de não-agressão.

Sinais de alastramento militar estão por toda parte — embora o Secretário da Defesa dos EUA, Donald Rumsfeld, garanta que a força militar americana (a maior que o mundo já viu) tem potencial para levar a cabo guerras de grande porte em duas frentes de batalha simultaneamente. Na realidade, os EUA estão perdendo sua guerra global contra o terrorismo; o Afeganistão está voltando ao passado dos Senhores da Guerra e do ópio como seu principal produto de exportação, enquanto que o Taliban está de volta; a AlQaeda continua operando a partir de suas inúmeras bases novas no Paquistão e em muitos outros países, inclusive na Europa e também nos EUA. Os EUA ilustram um conjunto de contradições ainda mais profundo, assinalando uma falta de sistemas de pensamento entre os ideólogos da globalização *laissez faire*. No Ocidente, estas interdependências são reconhecidas como "tudo que vai, volta". No Oriente, o mesmo fenômeno é conhecido como "Carma".

Vamos examinar alguns destes efeitos cármicos da globalização nos dias de hoje, neste momento surpreendendo os EUA e outros participantes do atual cassino global, ainda não regulamentado. Os EUA, que são os promotores mais fervorosos da globalização, colheram até agora os maiores benefícios. O dólar tornou-se *defacto* a moeda de reserva mundial — hoje com uma supervalorização entre 15-25%. Isso tem provocado déficits insustentáveis no comércio americano, o encolhimento da sua participação nas exportações mundiais e a incapacidade crescente de exportação por parte das empresas sediadas nos EUA. A longa cavalgada dos EUA sobre o dólar supervalorizado está agora chegando ao fim e seus déficits comerciais continuam crescendo, atingindo níveis insustentáveis (quase 5% do PIB americano). Até recentemente, os países que exportavam para os EUA (China, Taiwan, Japão, México e muitos outros) continuavam aceitando dólares americanos como pagamento e compravam títulos do Tesouro Americano para suas reservas monetárias. Este sistema, com os EUA absorvendo uma grande parte do capital e das exportações de todo o mundo para

INTRODUÇÃO 17

tentar servir como "locomotiva" global, está entrando em falência diante do enfraquecimento do dólar (atualmente abaixo do euro).

A Reserva Federal americana reduziu a taxa de juros para 1,25%, a mais baixa em 40 anos, a fim de tentar alavancar a economia doméstica — até agora com pouco sucesso. O "mal-estar da deflação" japonês também pode estar reservado para os EUA pós-bolha. Os países com enormes pilhas de dólares americanos em suas reservas monetárias estão diversificando em euros (que agora está se tornando a moeda alternativa mundial de reserva). Isso foi previsto antes do lançamento do euro, em 1º de janeiro de 1999, por Victor Maruri, chefe da área de atividade bancária de investimentos na América Latina do PARIBAS.

Os portadores particulares de títulos do Tesouro Americano e de ações observam alarmados enquanto o dólar continua a enfraquecer-se e o ganho obtido com os juros se aproxima de zero com a correção da inflação. Esses investidores particulares estão preocupados com os princípios básicos da economia americana: níveis historicamente altos de dívidas corporativas e de consumidores; muitos estados de grande porte deparando-se com enormes quedas abruptas de orçamento devido à redução temerária da taxa de juros; mais de 1 trilhão de dólares de obrigações de pensões corporativas sem fundos nos setores automobilístico e outros da "Velha Economia"; a onda de crimes corporativos que continua a minar a confiança nos relatórios dos auditores e nos mercados de ações; a estratégia "de falcão" de Bush, na política exterior, de brincar de policial global; os planos de ataque preventivo contra o Iraque; a guerra contra o mal e o terrorismo mundial conduzindo a déficits ainda maiores — e ao insuportável déficit comercial americano. É apenas uma questão de tempo até que um maior número de investidores mude para euros, francos suíços e outros investimentos — onde as taxas de juros sejam mais altas e as bases mais favoráveis.

Funcionários do governo e economistas americanos afirmam que a produtividade é maior nos EUA do que na Europa — e aconselham os investidores a continuar apostando na economia americana. No entanto, um exame mais profundo revela as formas diferentes

18 ALÉM DA GLOBALIZAÇÃO

através das quais a Europa e os EUA medem a "produtividade" (o método americano favorece os EUA — a Europa utiliza uma medida mais aberta). Quando se comparam esses métodos, a diferença na produtividade é trivial. Acrescente-se o fato de que a produtividade do capital americano no final dos anos 90 foi negativa — ou seja, foram desperdiçados trilhões de dólares em "investimentos" nos negócios "ponto-com" malfeitos — durante a bolha. Na verdade, uma pesquisa recente desenvolvida pela Merrill Lynch & Co. junto a 300 administradores de fundos globais, revelou que cerca de dois terços consideravam Wall Street como sendo o mais supervalorizado entre os cinco principais mercados de ações do mundo.

A economia global sempre foi um jogo de poder — e as moedas estão se tornando as armas de escolha. A repulsa contra todas as armas de destruição em massa, assim como as minas terrestres e as pequenas armas, estão produzindo uma onda de protesto global. A intimidação por uma superpotência militar — os EUA — está provocando ressentimento e pode vir a consolidar blocos de nações antagônicas — e ainda mais ataques terroristas. Até mesmo o defensor empresarial Jeffrey Garten, Reitor da Escola de Administração da Universidade de Yale, em seu *A Política da Fortuna* (*The Politics of Fortune* — 2002), incita os CEOs americanos a criticar as políticas unilaterais de Bush por colocar em perigo a estabilidade global. Os ataques de 11 de Setembro mostraram que o século XXI será a era das armas assimétricas — onde os *hackers* de computadores, os lavadores de dinheiro, as gangues variadas de terroristas e até mesmo os comerciantes de moeda e a OPEP estabelecerão um novo equilíbrio de poder.

Por exemplo, os EUA, que primeiro bloquearam e depois apoiaram a entrada da China na OMC, podem arrepender-se de ter forçado a adoção das políticas do Consenso de Washington pela OMC. Em futuro próximo, a China deverá tornar conversível sua moeda, o yuan, e posteriormente abrir seus mercados. Hoje, a China está se tornando velozmente a mais nova superpotência do mundo — e fornecedora de muitos dos bens mundiais — produzindo 50% das câmeras, 30% dos aparelhos de ar condicionado e TVs, 25% das máquinas de lavar, 40% de todos os fornos de microondas vendidos na Europa, e está aden-

INTRODUÇÃO 19

trando rapidamente o setor de computadores, telefones móveis e aparelhos de DVD. A China encara suas exportações a preços baixos como um benefício concedido aos consumidores mais pobres do mundo e agora está procurando oportunidades de investimento em outros países em desenvolvimento para aplicar suas enormes reservas de dólares americanos. Os EUA agora temem a deflação global. No entanto, acreditava-se que os salários mais baixos e as plataformas de exportação baratas utilizadas na China e em outras partes pelas multinacionais americanas constituiriam uma das grandes *vantagens* da globalização. Estas cadeias de fornecimento globais foram tidas como responsáveis por subjugar a inflação e estimular o crescimento econômico. A maioria dos banqueiros centrais ainda se fixa na inflação e não na deflação. Agora a Reserva Federal americana está preparando-se para a deflação, enquanto que sua principal ferramenta de escolha — os ajustes na taxa de juros — virou do avesso a política monetária. Será que o Banco Central americano irá combater a deflação "mandando o dólar calar a boca"? Ou — outra surpresa — quando a China passar para a moeda conversível (atualmente fixada em 8 yuan por dólar), será que o yuan chinês (agora subvalorizado) irá provocar uma posterior desvalorização do dólar? A China já se tornou a locomotiva da região asiática do Pacífico e está procurando estreitar seus laços com o Brasil. Conforme dizem os sábios: "Cuidado com o que você pede — porque talvez você o consiga". O que acontecerá então com as ambições de "policial global" de Bush?

Hoje, o mundo encontra-se numa posição de escolha significativa:

- a continuação do sistema competitivo do Tratado de Westphalia, de soberania do Estado e de políticas baseadas no interesse nacional — e uma guerra global contra o terrorismo, liderada pelos EUA, com data final em aberto, apoiada pelas multinacionais e outros interesses de setores privados?

- a continuação do sistema com base nas Nações Unidas, em vigor há 57 anos, de construção de regimes legais, cooperativos e multilaterais para tratar as questões globais que não podem ser resolvidos pela ação exclusiva de qualquer nação: epidemias mundiais, terroris-

20 ALÉM DA GLOBALIZAÇÃO

mo, crime, lavagem de dinheiro, instabilidade e crises financeiras, pobreza crescente e lacunas de informação dentro dos países e entre eles — ruptura climática e ecológica, extinção de espécies, perda de florestas e de biodiversidade e manutenção da paz em um mundo onde é cada vez maior o número de atuantes não-governamentais?

Esses dois paradigmas e abordagens radicalmente diferentes no tocante a governos e relações internacionais irão guiar nossas estratégias para dar forma à globalização e a valores, metas, normas éticas, padrões e regulamentos que conduzam a humanidade a um desenvolvimento humano mais eqüitativo e sustentável do ponto de vista ecológico e social, conforme descrevi em *Construindo um Mundo Onde Todos Ganhem* (*Building a Win-Win World* — 1996).

Caminhos de Transição para a Sustentabilidade: Informação, Energia e Matéria

Essa transição das sociedades industriais em direção à sustentabilidade social e ecológica está se realizando em meio a uma desordem generalizada. Confusão e dissonância cognitiva sobre definições, critérios, decisões políticas e econômicas — sem mencionar posições morais e culturais — fazem parte de toda mudança de paradigma. As mudanças de paradigma implicadas na "sustentabilidade" não têm precedentes. O desenvolvimento sustentável é geralmente definido como o desenvolvimento que atende às necessidades do presente sem comprometer a capacidade das futuras gerações de atender às próprias necessidades. Para que tal mudança de paradigma ocorra, culturas e sociedades inteiras terão de abraçar uma visão biosférica e planetária — transcendendo o antropocentrismo. Além disso, segundo análise de Robert Wright em *Homem Moral* (*Moral Man* 1994) e de Mauro Torres em *Uma Concepção Moderna da História Universal* (*A Modern Conception of Universal History*, TM Editores, Bogotá, Colômbia, 1998), os seres humanos terão de reexaminar a própria evolução cultural e biológica como um *continuum*. Todas as sociedades precisam estender tais conceitos à democracia política, à eqüidade social, à eficiência econômica, à preservação ambiental e à diversidade cultural, conforme descrição de Elise Boulding em *Na Direção de uma Cultura de Paz* (*Toward a Culture of Peace* — 2001), bem como de Barbara Marx Hubbard em *Evolução Consciente* (*Conscious Evolution* — 1999) e de Riane Eisler em *O Poder da Parceria* (*The Power of Partnership* — 2002). Em meu *Construindo um Mundo Onde Todos Ganhem* (1996), defendo a idéia de que os padrões de sustentabilidade devem incluir a extensão das interações humanas com soma diferente de zero, ou seja, os jogos ganha-ganha e a evolução da cooperação humana. Desta forma, a teoria dos jogos constitui uma diretriz mais útil do que a proporcionada atualmente pela predominância da economia, que enfatiza a competição.

Tanto a competição quanto a cooperação são essenciais nas sociedades humanas, mas os respectivos conteúdos e formas estão se modificando na virada atual em direção à interdependência global. À medida que os nichos ecológicos e sociais vão sendo preenchidos, começam a falhar as estratégias competitivas ganha-perde — que eram ideais para densidades populacionais mais baixas e ambientes inexplorados. Desta forma, a globalização atual dos mercados e das tecnologias, arraigada em uma economia por demais competitiva, freqüentemente torna-se uma competição "perde-perde" implacável — que leva ao tipo de onda de crimes corporativos que estamos vendo nos EUA, ou conduz a resultados de eleição do tipo "o vencedor-leva-tudo". Outros efeitos incluem barcos pesqueiros de grande eficiência destrutiva, os quais coletivamente têm levado reservas de pesca à exaustão, sem mencionar a marginalização de países inteiros, deixados para trás pelas redes financeiras e de informação.

De acordo com o Índice do Planeta Vivo (*Living Planet Index*), montado pelo Fundo Mundial pela Natureza e pela Fundação Nova Economia com sede em Londres, no espaço de uma geração perderam-se cerca de 30% da capacidade produtiva da Natureza. Uma visão total dos sistemas relativos à produtividade — além da economia e do progresso medido pelo PNB — é mostrada na (Figura 1: Sistema

22 ALÉM DA GLOBALIZAÇÃO

Produtivo Total de uma Sociedade Industrial). O relatório "Lucro Puro" (*Pure Profit*), elaborado pelo Instituto de Recursos Mundiais (2002), focaliza os riscos ao ecossistema que estão implícitos nos balanços de muitas empresas, como, por exemplo, em indústrias químicas, de energia, de papel e celulose, todas fazendo parte do processo inicial de industrialização.

Conforme indico no Capítulo 1, a globalização atual da economia, das finanças, dos mercados e do comércio é alavancada por duas molas principais. A primeira é a tecnologia, que tem acelerado as inovações em telemática, computadores, fibras óticas, satélites e outras comunicações; a convergência desses fatores com a televisão, multimídia global, bolsas eletrônicas para a negociação de ações, títulos, moedas, commodities, opções futuras e outros derivativos; e a explosão global do comércio eletrônico e da Internet. Tudo isso foi descrito pelos mercados e pela mídia como sendo a "nova economia". A segunda é a onda, com 15 anos de duração, de desregulamentação, privatização, liberalização de fluxos de capital, abertura de economias nacionais, extensão do comércio global e políticas de crescimento com base nas exportações, que se seguiram ao colapso do regime de câmbio fixo da Bretton Woods no início dos anos 70. As provas demonstram que esse tipo de globalização é insustentável, causando aumento dos bolsões de pobreza, exclusão social, poluição e exaurimento de recursos.

Neste livro, fiz um resumo de muitas propostas inovadoras e sensatas defendidas por grupos da sociedade civil. O Fórum Social Mundial tem fornecido apoio institucional valioso para a elaboração de tais propostas. A vitória esmagadora do Presidente Luiz Inácio Lula da Silva e o amplo apoio conferido ao seu Partido dos Trabalhadores, fundadores do Fórum Social Mundial, sugerem que muitas dessas propostas inovadoras serão bem recebidas no Brasil. Por exemplo, o ceticismo amplamente difundido com relação à Área de Livre Comércio das Américas (ALCA) poderá reviver o MERCOSUL na condição de alternativa para a ALCA dominada pelos americanos. Não é de surpreender que a globalização tenha também fortalecido os movimentos sociais, inclusive aqueles pelos direitos humanos, feminismo e ambientalismo. Todos uniram forças com os sindicatos em oposição à

INTRODUÇÃO 23

Organização Mundial de Comércio (OMC). As reações à globalização e a tecnologias e idéias ocidentais também incluíram a ascensão do fundamentalismo (cristão, nos EUA, e muçulmano, em muitos países) e novas buscas de identidade na etnia ou nacionalidade — e os conflitos que esse cenário gera com freqüência. Essas tensões foram exploradas pela AlQaeda e por outros grupos islâmicos em oposição às políticas americanas, de dependência do petróleo, no Oriente Médio. Os mercados eletrônicos globalizados oferecem uma visão tipo "avanço rápido" daquilo que se pode esperar — mesmo após o colapso de tantas empresas depois de 2000 em conseqüência da "bolha" de Wall Street. Conforme descrito no Capítulo 1, mais da metade das cem maiores corporações globais listadas pela revista *Business Week* em 1999 operava no setor de prestação de serviços financeiros e de informação. Elas involuntariamente aceleraram o "apartheid digital" em sua competição por fatias de mercado. O predomínio do sistema de preço-abaixo-do-custo-total (os preços de hoje ainda não incluem os custos sociais e ambientais) ainda expande mercados financeiros. A Lei de Metcalfe descreve como os "efeitos da rede" da Internet global podem levar à expansão monopolista, como no caso da Microsoft e das megafusões nos setores financeiros e de mídia — a síndrome do "vencedor-leva-tudo". A maioria das grandes corporações dos setores industriais tradicionais comprou tecnologia eletrônica e software para aumentar a eficiência de sua energia e de seus materiais. Entretanto, essas tecnologias são extremamente intensas no que se refere a energia e materiais — dão origem a um amontoado de detritos tóxicos em sua produção e descarte — e portanto carecem de eficiência sistêmica.

O comércio mundial da atualidade responde por menos de 10% da negociação global de moeda durante as vinte e quatro horas, no total de US$1,5 trilhão por dia — uma outra bolha separada da economia real. O "apartheid digital" começa com os paraísos fiscais fora do país, conforme descrito no Capítulo 1. Em 2000, o ex-secretário do Tesouro Americano, Larry Summers, em conjunto com o G7 e a OECD, começaram a tomar medidas severas quanto a lavagem de dinheiro, chefões do tráfico de drogas e tentaram fechar os paraísos fiscais. Antes dos ataques terroristas de 11/9, o presidente Bush mani-

24 ALÉM DA GLOBALIZAÇÃO

festou-se contra essas medidas, mas logo mudou de idéia — a fim de perseguir as fontes de financiamento da AlQaeda. A corrupção e a desordem nos sistemas monetários mundiais tornam mais atraentes o escambo, as permutas comerciais e os pagamentos compensatórios, tais como os que existiam nos países membros do ex-COMECON. Cerca de 25% do comércio mundial de hoje é efetuado com base no intercâmbio e as empresas que oferecem intercâmbio comercial eletrônico estão florescendo, conforme descrito no Capítulo 3.

Todos os modelos econômicos tradicionais são baseados no dinheiro e apoiados em conceitos de materialismo, escassez e, portanto, competição. Por outro lado, a informação é abundante e não-excludente. Se você me dá uma informação, você ainda continua com ela. Compartilhar a informação cria sinergia, inovação e abundância. Este é o motivo pelo qual o escambo — que era, antigamente, um fenômeno local das sociedades tradicionais (e ainda utilizado por cerca de 2 bilhões de pessoas que se encontram à margem das economias mundiais fundamentadas no dinheiro) — agora está se tornando altamente tecnológico. Na Argentina, o escambo é uma necessidade, com milhões de pessoas atualmente comercializando entre si nos mercados de pulga e cada vez mais por meio das redes eletrônicas.

Existem duas maneiras pelas quais os seres humanos realizam transações: (1) via sistemas monetários, que ainda estão criando escassez artificial e reforçando a competição (por exemplo, via racionamento e desvio de crédito e políticas monetárias restritivas, altas taxas de juros etc.); e (2) via todas as formas de escambo, desde o nível local até o corporativo, comércio de balcão, pagamentos compensatórios (familiares aos europeus orientais). Portanto, à medida que concebemos reformas para a arquitetura financeira internacional e para os sistemas bancário e monetário, devemos ter em mente que, hoje, o intercâmbio comercial eletrônico e as plataformas eletrônicas gratuitas estão passando ao largo dos sistemas monetários que não funcionam a contento.

O comércio por intercâmbio tem sido o campo de ação de 2 bilhões de seres humanos que não fazem parte totalmente dos setores urbanizados e monetarizados. Os países utilizam pagamentos com-

INTRODUÇÃO   25

pensatórios, enquanto que as corporações, rotineiramente, realizam intercâmbios de bens e serviços no valor estimado de US$ 1 trilhão por ano, abrangendo os mercados doméstico e internacional. Uma vez que todo esse comércio por intercâmbio é feito através de acordos, contratos, cartas de crédito, papel-moeda local etc., ou seja, através de informação, torna-se difícil determinar seu valor segundo as estatísticas monetárias convencionais. Até mesmo o uso de moedas de referência não se faz necessário. Uma grande parte desse comércio por intercâmbio envolve transações de commodities realizadas de duas, três, quatro ou mais maneiras. O comércio por intercâmbio constitui a pedra fundamental da sustentabilidade, pois utiliza todos os recursos de modo mais completo, estimulando o uso de segunda mão, compartilhando e combinando pessoas desempregadas com os serviços e recursos locais, conforme demonstrado em Curitiba pelo ex-prefeito Jaime Lerner.

O comércio por intercâmbio em áreas mais amplas era ineficiente — e causava transtorno — antes dos computadores e da Internet. Hoje, é instantâneo — e apresenta muitas vantagens sobre o comércio baseado em moeda. Em primeiro lugar, o comércio por intercâmbio possibilita as economias baseadas em recursos e commodities a negociarem diretamente entre si — sem precisar ganhar dinheiro antes ou fazer operações de câmbio com base nas principais moedas. Por exemplo, a OPEP, que dolarizou seu petróleo há 40 anos, está agora confortavelmente instalada no atual cassino global de US$ 1,5 trilhão por dia. Ao mesmo tempo em que ainda detém um considerável poder de estabelecer o preço do petróleo (a OPEP controla 65% de todas as reservas de petróleo mundiais comprovadas) e tem o mundo "engolindo" seus produtos, muitos dos estados membros da OPEP ainda estão em desenvolvimento e com carência de moeda estrangeira ou em dívida. O comércio por intercâmbio direto (ou empréstimos com taxas de juros muito baixas, que também podem ser pagos em bens e serviços) faz com que as opções e oportunidades de comércio tenham enorme abertura. Como uma das conselheiras da Comissão do Sul (*South Commission*) em 1988-1989, estimulei os países membros a estabelecer um sistema de comércio por intercâmbio computadorizado, operado em conjunto, para todas as commodities mais importantes dos países do Sul, inclusive o petróleo.

Para os países em desenvolvimento não pertencentes à OPEP, as negociações através do comércio por intercâmbio possibilitam-lhes evitar preços de petróleo altamente dolarizados (atualmente a mais de US$ 30 o barril) e obter o petróleo de que necessitam em troca da comercialização de suas commodities subvalorizadas. De modo similar, os governos podem conseguir os bens de capital necessários, componentes de infra-estrutura etc., através do comércio por intercâmbio realizado entre eles próprios — tal como fazem as corporações quando negociam tempo de mídia, largura de banda, assentos aéreos, quartos de hotel, equipamentos e uma grande quantidade de outros produtos e serviços. Tudo isso pode ser facilitado com um robusto software de computador que possa lidar com regimes de taxas de diferentes países e com todos os sistemas operacionais de ajuste e desembaraço alfandegários necessários para esse tipo de comercialização com base na informação. Tenho investimentos em dois sistemas eletrônicos de comércio por intercâmbio, ManyOne Networks, nos EUA, e VIA3, com sede em Londres, que interliga grupos cívicos.

À medida que aumenta o volume das commodities reais em tais sistemas, as moedas correntes oficiais de hoje tenderão a flutuar no confronto com essas "cestas de commodities" (por exemplo, petróleo, geradores, maquinário, commodities agrícolas etc.) cujos preços em moeda são freqüentemente monitorados. Devemos lembrar que as moedas, o dinheiro em si, não têm valor, mas fazem o papel de um sistema de graduação, controle e — quando adequadamente administradas — de um estoque de valor. Como vemos, por exemplo, no caso do petróleo: esse "ouro negro" é mais líqüido, valioso — e fungível — do que a maioria das moedas correntes oficiais. Além disso, o petróleo constitui a fonte de energia essencial que ainda põe em movimento a maioria dos sistemas de transporte mundiais. A Venezuela, país que inventou a OPEP, entende desse assunto, e o presidente Hugo Chávez assumiu a liderança ao assinar 12 novos acordos sobre petróleo com países da América Latina e Central para atender às necessidades de petróleo desses países sob termos inovadores de

INTRODUÇÃO 27

intercâmbio e concessão. Os banqueiros e seus economistas, que ainda tentam reimpor a escassez na Internet (via encriptação, dinheiro virtual, cartões de crédito com seguro etc.) estão horrorizados. Os esforços do governo Bush para ajudar a desestabilizar o presidente Chávez falharam, mas ainda há forte oposição ao seu acordo bilateral com Cuba: petróleo em troca de médicos e paramédicos cubanos que estão montando clínicas de saúde pública na zona rural da Venezuela. O conflito dos paradigmas entre dinheiro e comércio por intercâmbio torna-se evidente nesse caso.

Os economistas tendem a rejeitar o comércio por intercâmbio por ser "primitivo" segundo os ensinamentos de seus livros — mas serão as empresas de comércio por intercâmbio pela Internet e os negociantes reais de commodities reais que provarão que esses livros estão obsoletos (veja por exemplo Notícias do Comércio por Intercâmbio — *Barter News*, um periódico do setor publicado em Mission Viejo, Califórnia). De que maneira o comércio por intercâmbio pode ser facilitado entre os 2 bilhões de pessoas no mundo largamente à margem dos sistemas monetários? Elas não são "pobres" (denominação dada pelos economistas às pessoas sem moeda). Esses 2 bilhões de pessoas são ricas em recursos e freqüentemente têm vida sustentável. Hoje, microgeradores fora da rede elétrica, movidos a energia solar, tais como os que estão sendo fornecidos aos povoados rurais na África e na Ásia por empresas como Equal Access, Solaria, Inc., SELCO, Hewlett-Packard e outras, proporcionam a conectividade. Menus de comércio por intercâmbio, do global aos locais, podem ser acessados por *laptops* e *handhelds*. Os habitantes do povoado podem encontrar um menu local de parceiros para o comércio por intercâmbio e não precisam empreender uma longa viagem até a cidade, sem a certeza de vender sua produção no mercado. Por exemplo, no Laos, os novos mini PCs da Fundação Jhai, com base na linguagem Linux, ligados na bateria de um automóvel carregada por meio de pedais de bicicleta, são conectados à Internet através de estações de transmissão movidas a energia solar, possibilitando aos fazendeiros consultar os preços da produção nos mercados de Phon Hong, a 30 km de distância (*The Economist*, outubro de 2002, p. 76). De forma similar, a

TARAhaat, fundada por Ashok Khosla, Presidente da "Alternativas de Desenvolvimento" em Delhi e treinado em Princeton, constitui um dos principais empreendimentos sócio-técnicos mais inovadores do mundo e interliga povoados na zona rural da Índia.

Por sorte, um maior número de pessoas, particularmente em nosso mundo de redes e cabos, tem mais acesso à informação e está apto a criar novos mecanismos de feedback, tais como o Fórum Social Mundial. O Brasil é famoso por seus grupos de cidadãos diversificados — atuando em nível global e doméstico. Uma sociedade civil robusta constitui um "terceiro setor" importante em todos os níveis de governo, conforme descreve Thais Corral em *Rio + 10 Brasil* (2002). Mesmo com pouca cobertura ou enfoque distorcido por parte da mídia, grupos da sociedade civil organizam e esclarecem suas propostas via Internet. Howard Rheingold descreve em *Gente Esperta* (*Smart Mobs* — 2002) de que maneira a Internet está expandindo o poder das pessoas. Todas as intervenções sociais devem ser aplicadas de modos diferentes em muitos níveis, desde o global até o local, conforme sugeri no Capítulo 3. As comunicações eletrônicas agora permitem que diversos grupos da sociedade civil que apresentam soluções alternativas alinhem e coordenem seus programas em torno de metas compartilhadas de sustentabilidade. A transição das sociedades humanas, após 300 anos de industrialização, é no sentido de acelerar os fluxos de informação e desmaterializar o PIB na direção da prestação de serviços.

Essas mudanças desencadearam uma crise dentro da ciência econômica, que lentamente se afasta das teorias de equilíbrio, modelos simples e estáticos do comportamento humano e seu pseudocientífico uso incorreto da matemática. Atualmente, as disciplinas "hifenizadas" de economia-ecológica, economia-social, economia-política e economia-evolucionária atestam a ampliação de seus respectivos focos. A monitoração de desempenho e a definição de padrões e critérios de "sustentabilidade" constituem claramente um trabalho em andamento. De maneira similar, os modelos de desenvolvimento estão em desordem. Meu próprio modelo define o desenvolvimento como sendo a evolução da compreensão das sociedades humanas dos três recursos básicos: matéria, energia e informação, e dos padrões de

INTRODUÇÃO   29

substituição visando maior eficiência termodinâmica (não econômica) (ver Figura 4, Tecnologias de Ponta que Imitam a Natureza). Desta forma, o recurso-chave das sociedades é a informação e o ponto até o qual sua cultura educa e alimenta seu capital social e humano, aplicando sua base de conhecimentos para administrar seus recursos materiais e energéticos. Um exemplo é a evolução das tecnologias de combustível fóssil, desde 1850, de sólidos e líquidos para gases (ver Figura 2, A Idade da Luz). Essa transição ainda é dominada pelas corporações transnacionais, que controlam os sistemas de energia, combustíveis fósseis, energia nuclear, sistemas de armamentos de alta tecnologia, industrialização, *agribusiness*, engenharia genética de organismos vivos, produtos químicos e farmacêuticos, tecnologias de comunicações e transportes, mídia de massa e redes, conforme descreveu David Korten em *Quando as Corporações Governam o Mundo* (*When Corporations Rule the World* — 1995).

Conforme descrevi no Capítulo 2, o poderoso aparato institucional e acadêmico da economia neoclássica desviou e legitimou essa forma de globalização. Preconceitos dentro da economia tradicional foram transmitidos a políticas de instituições financeiras, tanto do setor público como do privado, e a outros tomadores de decisão do governo. Exemplos desses problemas de paradigma incluem as recentes abordagens estreitas do FMI, da OMC e de outras instituições para a regulamentação e reforma da arquitetura financeira internacional. A miopia das políticas de desenvolvimento do "Consenso de Washington" tem cegado uma geração de tomadores de decisão, públicos e privados — entretanto bem-intencionados e favoráveis à democracia. Essa trágica miopia e até mesmo estados psicológicos de negação dentro da economia acadêmica — particularmente nos EUA e na Grã-Bretanha — surpreenderam-me à medida que fazia pesquisas para meu livro *A Política da Era Solar* (*The Politics of the Solar Age* — 1981, 1988). Descrevi os processos sociais por meio dos quais esta disciplina (a economia não é uma ciência) veio a abarcar as políticas públicas em todo o mundo — mantendo ao largo muitas outras disciplinas pertinentes — desde sociologia, psicologia e antropologia até a teoria dos jogos, teoria do caos termodinâmico e ecologia. Os custos desta

30 ALÉM DA GLOBALIZAÇÃO

miopia em termos de maior distância entre ricos e pobres e maior exclusão social incluem a erosão contínua dos meios de vida e de culturas locais que não são baseados em dinheiro. A expansão do microcrédito pode ser útil para atrair os pequenos empresários para as economias baseadas no dinheiro. Infelizmente, esses sistemas baseados no dinheiro, agora globalmente interligados e altamente instáveis, precisam ser revistos para impedir a epidemia de pobreza que tais sistemas podem precipitar. Testemunhamos esse empobrecimento de milhões na Tailândia, na Indonésia e em outros "tigres econômicos" durante a crise da Ásia e da Argentina.

Com muita freqüência, a sedução das pessoas, que emigram de seus meios e comunidades para as áreas urbanas monetarizadas atrás das promessas de "desenvolvimento" e "boa vida" comprova-se insustentável e conduz a essas tragédias humanas. Os esforços de relações públicas dos governos, empresas multinacionais e agentes financeiros dos mercados globais de hoje culpam as causas domésticas desses desastres nacionais: corrupção, nepotismo, falta de controles, pouca transparência, estruturas institucionais e políticas macroeconômicas inadequadas. Como destaco no livro, não falta poder aos governos nacionais. Muitos são corruptos. Não obstante, eles têm muitas opções. Depois da inadimplência da Argentina, também passamos a enxergar melhor os erros do FMI, bem descritos por Joseph Stiglitz em seu *A Globalização e seus Descontentes* (2002). Eles são os remédios geralmente prescritos: austeridade nos orçamentos (que piora as recessões), "disciplina dos mercados" por parte dos governos via regimes de moedas flutuantes e até dolarização, e abertura sempre maior de seus mercados para o comércio "livre". Agora, é do conhecimento comum que os empréstimos do FMI são mais para garantir os credores do que ajudar os países com empréstimos. Enquanto isso, os especuladores financeiros festejam as oportunidades de obtenção de lucros que eles mesmos criam. Felizmente, o Brasil não terá mais que aceitar as condições de empréstimos atualmente desacreditadas do FMI — diante da conscientização agora tão divulgada de que países como a Coréia do Sul, Malásia e China progrediram economicamente desconsiderando as recomendações do FMI.

INTRODUÇÃO   31

Um exemplo de "disciplina de mercado" e de como as finanças ameaçam a democracia foi a profecia auto-realizável de George Soros — amplificada pela mídia de massa — avisando que o real brasileiro cairia se Lula da Silva fosse eleito. Como documenta o economista Dani Rodrik, de Harvard, em "Comercializando Ilusões" ("Trading Illusions", Foreign Policy, março-abril de 2001, pp. 55-62), este "mantra sinceramente repetido" pelos executivos do FMI, do Banco Mundial e de outras agências financeiras internacionais perverteu prioridades de desenvolvimento em muitos países emergentes. Como Rodrik, eu também enfatizei a necessidade de criar economias internas sólidas sem cair nas armadilhas a longo prazo de substituir importações, tarifas excessivas etc. De qualquer forma, os fluxos de investimento direto estão diminuindo de US$ 1,1 trilhão em 2000 para, provavelmente, menos de US$ 800 bilhões em 2005. Estima-se que a parte que vai para os países em desenvolvimento permaneça em torno de US$ 200 bilhões, até agora somente 29% do total (The Economist, 24 de fevereiro de 2001, p. 80). Hoje, com um maior compatilhamento de experiências globais, é possível alcançar um desenvolvimento mais pragmático, próprio do país, empregando múltiplas estratégias mais coerentes com a cultura, os conhecimentos, a geografia e os ativos ecológicos e sociais.

A onda de crimes de colarinho branco nas empresas americanas em 2002 trouxe à luz a erosão de valores e da ética subjacentes ao mercado e ao capitalismo no estilo americano. A tudo isso podemos acrescentar que as finanças e seus agentes de mercado mostram pouco respeito pelo valor da democracia. Até mesmo publicações de negócios, inclusive Business Week e Fortune, rejeitam a noção de que alguns CEOs foram "maçãs podres" e ressaltam a quebra sistêmica mais ampla do comportamento ético necessário para operar nos mercados de capital: honestidade, transparência, responsabilidade e respeito aos contratos. A ganância excessiva, a fraude, os truques contábeis, os conflitos de interesses dos analistas de valores, banqueiros de investimento, bancos comerciais, as contribuições em dinheiro aos políticos em troca de favores e a ilusão do mercado em alta permanente alimentada pela mídia financeira inflou ainda mais a bolha de Wall

32 ALÉM DA GLOBALIZAÇÃO

Street. Tudo isto está descrito pelo ex-presidente da Comissão de Valores Mobiliários dos EUA Arthur Levitt, em *Desafiando Wall Street* (*Taking on Wall Street* — 2002) e foi previsto por Robert J. Shiller em *Exuberância Irracional* (Irrational Exuberance — 2000).

O abalo contínuo do mercado de ações do setor eletrônico nos EUA é semelhante ao que ocorreu nos estágios iniciais da evolução tecnológica, desde as ferrovias e eletricidade à telefonia e aos automóveis. Cada uma dessas ondas terminou com a consolidação desses setores sob três ou quatro produtores gigantes — ou, como no caso dos monopólios de serviços públicos de eletricidade e de telefonia, regulamentados pelo governo. Tanto a telefonia como as empresas de energia elétrica foram desregulamentadas e receberam superinvestimentos — levando à onda de falências nas telecomunicações. A gigante da energia sediada em Houston, ENRON, via a si mesma como uma plataforma para comercialização e um mercado eletrônico futuro de energia e água. Os investidores foram enganados por este modelo de empresa (revelado como esquema fraudulento) e pela contabilidade da Arthur Andersen, até que a fraude fosse exposta à luz pela sua falência. Até agora, o ex-CEO da ENRON, Kenneth Lay, escapou da ação judicial devido aos seus estreitos laços com a Administração Bush. Mesmo o trabalho de lobby de Lay junto ao Vice-Presidente Dick Cheney e sua influência sobre o plano de energia Bush ainda precisa vir à luz, apesar do processo judicial pelo Departamento de Contabilidade Geral do Congresso.

A confiança e os receios do investidor foram ampliadas pelo unilateralismo e pelas políticas de guerra global da Administração Bush. O Presidente G. W. Bush, ao contrário de suas promessas pré-eleitorais, vê os EUA "como a polícia do mundo". Seu principal ex-assessor econômico, agora demitido, Lawrence Lindsay, avaliou que a guerra planejada com o Iraque custaria um adicional "manejável" de US$ 200 bilhões. Enquanto isso, US$ 7 trilhões de riqueza nominal se evaporaram e os EUA passaram dos superávits de 1992-2000 para um déficit aproximado de US$ 200 bilhões no Ano Fiscal de 2002, com outros déficits à vista até onde podemos vislumbrar. O desemprego aumentou de 4% em 2000 para 5,9% em 2002, com a perda de 1,5 mi-

INTRODUÇÃO 33

lhão de empregos no setor privado. Como era de se esperar, o dólar caiu, atingindo paridade virtual com o ouro — um fator estabilizador para o mundo. Os EUA ainda estão viciados em automóveis e infra-estruturas dispendiosas e ainda importam uma quantidade demasiada de petróleo da OPEP, uma dependência que norteia as políticas norte-americanas na região do Oriente Médio. Como opinei em editorial (veja www.hazelhenderson.com — Editoriais). A maioria do público nos EUA (65-70%) não quer que os EUA sejam a polícia do mundo. Uma pesquisa de 25 de setembro de 2002 (PIPA, *Knowledge Networks*, Universidade de Maryland) revelou que 64% concordam que os EUA devem invadir o Iraque exclusivamente com aprovação da ONU e apoio dos aliados e 62% concordam que "As Nações Unidas devem primeiro tentar desarmar o Iraque pacificamente e verificar se esse ato se comprova efetivo ou não". Contudo, os avisos e campanhas de Bush — amplificados por toda a mídia de massa — afastaram a atenção pública da economia. Pela eleição de novembro, 47% concordam que "solucionar o problema do Iraque" agora é muito urgente, embora uma porcentagem semelhante acredite que a economia é mais urgente à medida que o desemprego se aproxima dos 6%. Depois disso, a Coréia do Norte alterou os cálculos de Bush.

Dou as boas-vindas à honestidade recente dos desertores das ortodoxias da "antiga religião", inclusive Joseph Stiglitz, Jeffrey Sachs, Amartya Sen, George Soros e os mais cautelosos, Paul Krugman e Lester Thurow — para citar aqueles bem conhecidos. Jeffrey Sachs foi o que mais evoluiu, depois de deixar Harvard e trabalhar com a Organização Mundial de Saúde e outras agências da ONU. Em um artigo no *The Economist* (28 de outubro de 2002), Sachs, como novo Diretor do Instituto da Terra (*Earth Institute*) da Universidade de Colúmbia, censura a administração Bush por solapar as Nações Unidas e voltar atrás em suas muitas promessas de apoio às agências da ONU e seus programas de desenvolvimento, enquanto gasta bilhões adicionais em suas maquinações militares. Espero que eles ajudem a ampliar os horizontes da profissão econômica para um estágio interdisciplinar mais humilde — em vez do imperialismo conceitual usual na economia. O *The Economist*, de Londres, por exemplo, tem reivindicado o territó-

34 ALÉM DA GLOBALIZAÇÃO

rio e buscado contribuições dos teóricos do jogo, psicólogos, ecologistas etc., todos como parte da economia. Este tipo de inflação intelectual é compreensível, porque a circulação das publicações, taxas de consultoria e venda de livros-texto estão em jogo!

A Reunião de Cúpula das Nações Unidas sobre Finanças e Desenvolvimento, em Monterrey, México, em 2002, debateu as políticas nacionais para uma supervisão e regulamentação mais rígidas dos fluxos de capital, serviços bancários domésticos e empréstimos às corporações bem como supervisão do banco central. A delegação dos EUA, chefiada por Nicholas Negroponte, retirou essas propostas criando o enfraquecido "Consenso de Monterrey". O Chile forneceu ao mundo modelos úteis de regulamentação de fluxos de capital de curto prazo. Depois da inadimplência da Argentina, as propostas de soluções de dívidas, financiamentos aos investidores e procedimentos de falência estão ganhando audiência. Eu defendi que os procedimentos de falência devem ser modelados no Capítulo 9 (e não no Capítulo 11) do Código de Falência dos EUA, que cobre inadimplências municipais e permite a continuação de todos os serviços sociais públicos (veja o meu *A Revolução Requerida nas Finanças Globais* [*Revolution Required in Global Finance*, Price Waterhouse Coopers], maio de 2002). Os mercados monetários podem usar o sistema de relatórios de comércio com as "melhores práticas" totalmente transparentes tal como o FXTRS^{MR}, descrito no Capítulo 3. Essa regulamentação tipo "círculo virtuoso" é mais bem entendida pelos teóricos dos jogos do que pelos economistas. Por exemplo, em 1910 nos EUA só o estado do Kansas resistiu à tendência de registro de empresas irregulares. Porém, em dois anos, outros 24 estados seguiram a iniciativa do Kansas com leis de constituição de empresas mais modernas e responsáveis, que restauraram a confiança dos investidores.

Muitos países continuam estabelecendo seus próprios regulamentos internos e estruturas de instituições financeiras de acordo com suas próprias culturas e interesses internos. Isto vem correndo principalmente desde a retomada da Coréia, Malásia, Tailândia e Filipinas, que ignoraram o aviso do FMI e usaram a abordagem keynesiana de déficits orçamentários para estimular suas respectivas recu-

INTRODUÇÃO 35

perações. O Japão ainda está tentando reestruturar sua economia, com muita assessoria econômica convencional sobre "abertura" que não compreende a cultura e metas japonesas de estabilidade social e emprego pleno. Os governos nacionais têm amplo espaço para agir criativamente, sem necessidade de se curvar às ordens do FMI, esperar por acordos internacionais ou se curvar às ordens dos operadores de câmbio e das corporações multinacionais. Duas políticas inovadoras chave podem mover as sociedades industriais maduras em direção a um uso mais sustentável de energia e materiais. A primeira é mudar suas práticas tributárias para que os impostos passem a ser cobrados sobre poluição, ineficiência energética e extração de matérias-primas virgens em vez de sobre as receitas e folhas de pagamentos. Isso estimularia o pleno emprego e a eficiência das empresas bem como a reciclagem e remanufatura. Os países membros da União Européia estão encabeçando essas mudanças. A segunda é uma contabilidade empresarial mais acurada e a correção de suas contas nacionais (isto é, dos índices do Produto Nacional Bruto e do Produto Interno Bruto) conforme o compromisso de 170 nações na Agenda 21, na Reunião de Cúpula da Terra das Nações Unidas, no Rio de Janeiro, em 1992. O Brasil é um dos líderes globais no desenvolvimento de estatísticas multidisciplinares mais amplas e de abordagens mais sistêmicas para medir o desenvolvimento. Seus "Indicadores Brasileiros de Desenvolvimento Sustentável" (2002) cobrem tendências econômicas, sociais, institucionais e ambientais por meio de um conjunto de 57 indicadores, compilados sob liderança do Instituto Brasileiro de Geografia e Estatística (IBGE). Essa é mais uma evidência de que as nações podem abrir-se a um monitoramento e feedback globais, realizados segundo os padrões e critérios mais elevados, as melhores leis e os regulamentos e códigos de conduta e princípios que conduzam a um avanço dos direitos humanos, da igualdade e da ética planetária. Tudo isso deve incorporar o estado da arte da ciência com base no novo conhecimento biológico de nosso relacionamento com a natureza.

Sem dúvida, o governo do Presidente Lula da Silva irá aprimorar ainda mais esse tipo de pesquisa e desenvolvimento em estatística de modo a incluir corretamente todas as riquezas do Brasil (seus recursos ecológicos e naturais assim como seu capital social cultural e humano) em seu sistema de contas nacionais e em seu PNB. Ao mesmo tempo, ele estará ensinando contabilidade nacional sustentável aos mercados financeiros, uma vez que o Brasil é um país muito rico com recursos ecológicos, sociais e humanos valiosos — um mercado interno potencial de 170 milhões de pessoas. Igualmente, pelos novos indicadores, a Argentina é também um país rico com uma população altamente educada e vastos recursos naturais, como muitos países da América Latina. Com objetivo de promover o conhecimento em relação aos novos indicadores e promover uma maior compreensão pública sobre políticas para formas sustentáveis de desenvolvimento, uma instituição interdisciplinar de ciências sociais de alguma universidade importante do Brasil poderia acolher, em cooperação com as agências de estatísticas brasileiras, uma conferência internacional sobre "Implementação dos Novos Indicadores de Desenvolvimento Sustentável". As instituições anfitriãs poderiam convidar todos os melhores experts em estatística da América Latina e do mundo, inclusive a Divisão Estatística da ONU, Eurostat, Estatística do Canadá, a Academia Social de Ciências Chinesa, o Grupo Interagências Federais de Indicadores de Sustentabilidade dos EUA, os Indicadores de Qualidade de Vida Calvert-Henderson, o Grupo de Sustentabilidade Dow-Jones, o London FTSE 4 Good, o The Global Reporting Initiative, o Domini Social 400, o Index CALVIN e muitos outros.

A Conferência poderia anunciar suas conclusões em protocolos estado-da-arte de responsabilidade nacional, seguindo as exigências da Agenda 21. Esses protocolos incluiriam a adição de ativos contábeis para complementar a atual abordagem de "fluxo de caixa" para a estimativa do PIB (que sobrevaloriza o endividamento), a adição dos ativos ecológicos (estimados pelos eco-economistas como um subsídio não contabilizado no PIB de aproximadamente US$ 36 trilhões anuais), a adição dos recursos humanos e sociais/culturais (que o Banco Mundial avalia em 60% da riqueza das nações, 1995). Este novo lado do ativo das contas nacionais deveria incluir os elementos de infra-estrutura (estradas, hospitais, universidades, portos, parques, aeroportos, represas, edifícios públicos etc.), que foram criados pelos

INTRODUÇÃO   37

contribuintes e lançados como dívida pública. Esses ativos de infra-estrutura devem ser amortizados ao longo de sua vida útil — muitas vezes cerca de 50-100 anos. Os EUA fizeram esta correção em janeiro de 1996 e, desde então, esta única "canetada" de correção contábil contribuiu aproximadamente para 1/3 do superávit dos EUA de 1996-2001. O restante veio das enormes receitas tributárias associadas à "bolha" de Wall Street e aos baixos orçamentos de defesa. O Canadá seguiu o exemplo em 1999, e passou de déficit e cortes nos serviços sociais para um superávit de US$ 50 bilhões, como mostro no Capítulo 1. Outras recomendações incluiriam a recategorização dos orçamentos de educação e saúde do lado de "despesas" para o de ativos como "investimentos" no capital humano necessário para a Idade da Informação, onde cidadãos saudáveis e bem-educados são o fator mais importante de produção. O principal programa de educação do Brasil, a Bolsa-Escola, filho dileto do ex-governador Cristovam Buarque, mantém crianças na escola atrelando seu comparecimento aos pagamentos de uma bolsa de auxílio aos seus pais. Este bem-sucedido projeto é admirado e imitado no mundo todo e é um bom exemplo da abordagem sistêmica necessária para tratar problemas complexos.

O Relatório e as recomendações dessa conferência global de especialistas no sentido da implementação de novos indicadores de sustentabilidade deveriam receber tanta atenção da mídia quanto possível. O povo brasileiro está começando a entender a verdade — que o Brasil é um dos países mais ricos do mundo — graças a estudos como o *Rio + 10 Brasil*, editado por Fábio Feldmann (2002). Depois de receber e avaliar o Relatório da Conferência, a nova Administração do Brasil teria a opção de anunciar que iria assumir a vanguarda dos governos que assinaram a Agenda 21 ao *implementar* um novo Sistema de Contas Nacionais. Uma política tão inovadora como essa ajudaria, com o apoio de especialistas do mundo todo, os antigos guardiões do "Consenso de Washington" e de Wall Street a reavaliarem para cima seus cálculos sobre os verdadeiros ativos do Brasil e, conseqüentemente, tornaria seu endividamento muito menor (realmente menos da metade daquele interpretado pela visão puramente financeira). Um movimento de liderança como esse poderia, então, ser imitado em to-

38 ALÉM DA GLOBALIZAÇÃO

dos os países ricos em ativos ecológicos, culturais, sociais e humanos da América Latina. A doença mental do "economismo" poderia ser equilibrada por essa visão mais ampla do sistema de riquezas — muito além do dinheiro. Muitos brasileiros participantes da Conferência da Petrobrás sobre "Economia e Sustentabilidade" poderiam ajudar a organizar esse grupo de especialistas globais. Esta estratégia, somada à aproximação com a sociedade civil, poderia abrir mais os olhos do mundo para a vasta riqueza do Brasil e os olhos dos investidores para as oportunidades no "setor de sustentabilidade", permitindo que os formuladores de política tivessem mais espaço para contornar o FMI e os cenários de "dívida".

O modelo de crescimento econômico com investimento e dívida externos está agora dando lugar a caminhos sustentáveis para mercados e empreendimentos domésticos de crescimento interno. Conforme discutido no Capítulo 3, todos os países têm poder público soberano para cunhar sua própria moeda e se beneficiar da posição que isto lhe confere. É por isso que a dolarização é um ajuste tão amargo. Os governos dos países podem também emprestar diretamente, revertendo a prática (muitas vezes causada pelas pressões políticas dos bancos privados) de emprestar fundos federais diretamente para bancos privados que depois emprestam para consumidores a taxas de juros do mercado. Essa prática de sistema bancário capaz de "emitir moeda" tornou-se norma nos EUA e em muitos países. Muitos acreditam que o poder soberano de criar o dinheiro de uma nação não devia ter sido cedido aos bancos privados, os quais, por sua vez, o emprestam a juros enquanto retêm somente uma fração (usualmente 8%, segundo os regulamentos atuais do BIS) de reserva. Outras estratégias essenciais para maior controle local e criação de economias domésticas florescentes incluem cooperativas de crédito locais, pequenos bancos de microcrédito dedicados a empréstimos locais (obrigatórios nos EUA pela Lei de Reinvestimento na Comunidade), grupos de desenvolvimento de negócios locais e redes de financiadores de empreendimentos locais, conforme discutido no Capítulo 3.

Hoje, reaprendemos que qualquer pessoa, negócio, organização sem fins lucrativos ou país com falta de moedas nacionais oficiais ou

INTRODUÇÃO 39

moedas fortes pode se engajar em tantas permutas diretas quantas necessárias. Estas, hoje, incluem intercâmbios high-tech usando computadores pessoais, sistemas de comercialização com moedas locais e muitos tipos de certificados temporários e moedas que agora circulam em centenas de cidades dos EUA, Europa e outros países ricos. Na Argentina, milhões de pessoas atendem suas necessidades básicas de produtos e serviços através de trocas e moedas locais nas quais confiam mais do que no peso argentino oficial. Em um exemplo perfeito do choque de paradigmas, o governo, o FMI e os economistas ortodoxos insistem em que essas redes de permutas e moedas locais sejam tornadas ilegais. A companhia de leilões de produtos de segunda mão mais bem-sucedida da Internet, a e-Bay, baseia-se nesse mesmo modelo. Essas ferramentas podem complementar moedas nacionais escassas, dólares americanos superavaliados ou ajudar a compensar os mercados locais, empregar o pessoal local e lhes fornecer alternativas de poder de compra local quando a política monetária é mal concebida ou muito restritiva. Em resumo, nenhuma estratégia de redução da pobreza será completa sem permutas. Em nível regional, um MERCOSUL reativado poderia muito bem imitar o euro da União Européia e criar uma nova moeda para a América Latina — talvez parcialmente apoiada pelos vastos recursos energéticos da região: petróleo, gás, potencial hídrico, biomassa, energia solar, força eólica e biodiversidade.

A informação e a gestão da energia são duas tecnologias fundamentais do desenvolvimento social humano. Ambas devem agora ser medidas em termos de sustentabilidade ecológica e social (que requer igualdade e justiça, tanto quanto eficiência). Isto significa que os investimentos não podem ser medidos usando-se os modelos tradicionais de determinação de preço de ativos (CAPMs), porque eles omitem os custos sociais e ambientais. Muito além do PNB/PIB e outras medidas macroeconômicas superagregadas de riqueza e progresso, novos tipos de indicadores que avaliem a eficiência em energia, educação, saúde, infra-estrutura e outros setores sociais serão cruciais para dirigir nossas sociedades no sentido da sustentabilidade. Minha parceria com o Grupo Calvert de fundos mútuos socialmente respon-

40 ALÉM DA GLOBALIZAÇÃO

sáveis criou os *Indicadores Calvert-Henderson de Qualidade de Vida* (*Calvert-Henderson Quality of Life Indicators*), que medem doze aspectos da qualidade de vida nos EUA: educação, energia, emprego, ambiente, saúde, direitos humanos, receita e sua distribuição, infra-estrutura, segurança nacional, segurança pública, lazer e moradia. Esses Indicadores contam uma história mais realista sobre as tendências nos EUA como, por exemplo, os 40 milhões de pessoas sem seguro-saúde, os 2 milhões de presidiários e o desperdício no uso de energia. As atualizações são feitas freqüentemente e apresentadas no site www.calvert-henderson.com, juntamente com meu resumo e comentários (clique em FOREWORD).

Meu trabalho, de 1974 até 1980, como membro do conselho Consultivo de Assessoria em Tecnologia do Departamento de Avaliação de Tecnologia dos EUA (*Technology Assessment Advisory Council of the US Office of Technology Assessment* — OTA) despertou meu interesse pelos novos indicadores e levou à minha pesquisa sobre fontes mais descentralizadas, benignas e inovadoras de energia — energia solar, eólica, das marés e das ondas, da biomassa — bem como sobre as enormes oportunidades inexploradas de melhorias de eficiência energética. Nessa época, as poderosas associações industriais e o lobby dos setores de carvão, petróleo e energia nuclear influenciaram o Congresso dos EUA para subsidiá-los em cerca de US$ 150 bilhões. Os setores renováveis foram deixados para concorrer sem auxílio neste campo de jogo injusto. A administração Carter aceitou os muitos relatórios da OTA sobre a necessidade de aumentar a eficiência de todos os usos de energia: nos setores de máquinas, agrícola, da construção, transporte e da família (disponível em CD-ROM através do Departamento de Imprensa Oficial do Governo dos EUA, Washington, DC, número do estoque: 052-003-01457-2, telefone: 202/512-1800, US$ 23). Muitos programas pequenos foram aprovados por um Congresso resistente: isolamento térmico de casas, avaliação energética de eletrodomésticos, aumento da eficiência dos motores de automóveis e até o estabelecimento do Instituto de Pesquisa de Energia Solar em Golden, Colorado. Durante este período, devido a ganhos de eficiência, o consumo de energia se desconectou do cres-

INTRODUÇÃO   41

cimento do PIB dos EUA. Em 1992, estas novas informações levaram a um novo "estoque" de energia "conservada" representando 24,3% do consumo dos Estados Unidos (27,9 quads — 5,8 quads = 1 bilhão de barris de petróleo) e quase se igualando aos 29,4% do petróleo (33,7 quads). Em 1998, os ganhos de eficiência foram a maior "fonte", 28% maior do que petróleo e seis vezes maior do que a energia nuclear e o consumo total foi 94,7 quads, de acordo com a Newsletter Rocky Mountain, Vol. XVI, nº 1, Primavera de 2000.

Em *A Política da Idade Solar* (*The Politics of the Solar Age* — 1981, 1988), tracei a história da Revolução Industrial movida a combustível fóssil no Reino Unido e na Europa. Mostrei como as teorias econômicas de valor mudaram ao longo deste período — levando à revolução keynesiana de fins da década de 30 até a década de 70. Mostrei também o atraso das teorias econômicas em avaliar corretamente o papel dos fatores de produção — particularmente o papel especial da energia e do conhecimento (que foram agrupados sob "capital", "terra e mão-de-obra"). Mostrei como este erro tranqüilizara as sociedades industriais, levando-as à determinação de subpreços e superutilização de energia e fazendo, ao mesmo tempo, subinvestimentos em educação e capital humano. Esses erros, juntamente com o aumento do poder militar, empresarial e político da Europa e dos EUA contribuíram para que estes se habituassem ao petróleo. A Europa dá mais valor à eficiência de energia do que os EUA e usa somente a metade da energia que consome para produzir seu PIB, assim como também o Japão. E considerei a quadruplicação do preço do Petróleo pela OPEP, em 1973, como uma correção necessária para a fixação de preço de custo pleno (embora os danos ambientais e outras externalidades ainda não estivessem incluídas). O desequilíbrio de consumo de energia no mundo continua a se tornar sempre mais extremo — resultando agora nos planos dos EUA sobre o petróleo do Iraque e a redução do papel da OPEP.

Os aumentos recentes do preço do petróleo levaram a que se fizesse da OPEP o bode expiatório. Mesmo com os preços de meados de 2000, de US$ 15 a 30 por barril, em termos ajustados à inflação esses preços são, realmente, a metade do que eram em 1975. Além disso, na América do Norte e na Europa, a parte da OPEP nos preços da gasolina pagos pelo consumidor compreende apenas entre 1/5 e 1/3 do total, devido aos impostos locais e margens de lucros das refinarias. Muitos interesses dos EUA, particularmente os pequenos produtores e investidores que investem em projetos caríssimos de exploração, desejam realmente que os preços do petróleo permaneçam elevados. Os políticos dos EUA criticam as grandes refinarias de petróleo pelos altos preços da gasolina nos EUA e pediram uma investigação sobre a formação de um cartel. O Presidente Hugo Chávez concentrou-se na OPEP, fundada pela Venezuela, e na necessidade de repensar as "Tendências Mundiais e o Futuro do Petróleo e da Energia", título do seminário internacional que ele organizou (e do qual participei) para enriquecer o conjunto de opções discutidas na Segunda Reunião de Cúpula da OPEP, realizada em Caracas, em setembro de 2000. Os esforços de Chávez para redistribuir recursos para os pobres da Venezuela e "democratizar" a PDVSA, a gigante do petróleo de propriedade estatal, levou às greves de dezembro de 2002 liderada pelos executivos de cúpula da PDVSA (noticiada erroneamente como uma greve dos trabalhadores) apoiada pela Fedecamera, pela maioria das estações de TV, juntamente com muitos ativistas da classe média determinados a depor Chávez.

As grandes companhias integradas de petróleo, Petrobrás, Shell e BP Amoco estão cada vez mais investindo em energia solar e no hidrogênio. Está se iniciando uma explosão de capital no descentralizado setor de energia renovável (solar, eólica e células de combustível), como previ nos anos 80. À medida que as análises econômicas vão se ampliando, as grandes usinas geradoras centrais com enormes perdas de transmissão estão, finalmente, sendo vistas como antieconômicas. (*The Economist*, 5 de agosto de 2000, p. 27). A pressão pública sobre as montadoras automotivas e os padrões de "emissão zero" estão agora trazendo como resultado os veículos elétricos e híbridos. Os híbridos da Toyota e da Honda (com desempenho de aproximadamente 20 a 30 quilômetros por litro de combustível) estão nos *showrooms* dos Estados Unidos desde 2001. Eu mesma tive um Toyota Prius durante mais de um ano e posso atestar seu desempenho. A boa notícia é que

INTRODUÇÃO 43

esses avanços tecnológicos, juntamente com o comércio eletrônico, são rotas pacíficas para a redução da dependência de petróleo. A má notícia é que a intervenção militar dos Estados Unidos para garantir suprimentos de petróleo ainda é política da Administração G.W. Bush, particularmente centrada no Iraque como segundo maior produtor do mundo, depois da Arábia Saudita. O Brasil, há muito líder no setor de carros movidos a etanol, tem a oportunidade de garantir que as futuras fábricas de automóveis produzam carros de emissões baixa ou zero para servir seus próprios mercados internos e seus futuros mercados de exportação.

A necessidade de expansão em recursos renováveis, tecnologias de energia "verde" e proteção e restauração ambiental está agora nas telas de radar dos governos e empreendedores capitalistas, bem como das "supergrandes" do petróleo. Nos Estados Unidos, o mercado de produtos "verdes" de todos os tipos atinge atualmente US$ 230 bilhões (LOHAS, vol. 3, nº 3, Outono de 2002, Boulder, Co, USA). Todas as companhias de petróleo e a OPEP também precisam aderir a este movimento pelo renovável antes que seja tarde. A contabilidade falha e os presentes modelos de precificação de ativos ainda tornam mais fácil seguir o rebanho do que examinar os processos mais profundos em curso para encontrar os negócios realmente de ponta. Do mesmo modo as formas atuais de globalização parecem boas porque a contabilidade priva dos seus direitos uma minoria significativa, ignora o esgotamento dos recursos naturais e desconta os riscos futuros. Enquanto isso, as empresas e os planos de negócios visionários começam a detectar a grande transição que está em andamento, caminhando da Era Industrial para a "Era da Luz" rica em informação. O debate sobre sustentabilidade que a Petrobrás está promovendo, somado aos preços mais altos do petróleo, estão dando partida à onda de novas oportunidades de negócios das companhias energéticas de hidrogênio, células de combustível, solar, eólica, marítima e de biomassa. Há muito financiamento aplicado na melhoria contínua da utilização de recursos, armazenamento de energia e ganhos de eficiência, ou seja, tecnologias da informação.

Embora os progressos nas comunicações e nas ciências de materiais tenham conduzido a uma profunda desmaterialização das economias da OECD, os debates de hoje envolvem até onde este processo — que o futurista Buckminster Fuller chamou de "efemerização" — pode continuar substituindo recursos naturais virgens por serviços, conhecimento, comunicação, reciclagem e renováveis. É possível obter entre quatro e dez vezes mais de aumento de eficiência de energia e de materiais. É aqui que os investimentos em pessoal e infra-estrutura social são importantes. As sociedades não podem continuar desmaterializando suas economias sem investir em educação, saúde e infra-estrutura de manutenção, arquitetura social e capital humano para conseguir maiores avanços em pesquisas. O valor do conhecimento, do capital humano, da confiança, dos valores coesivos e da gestão segura da biodiversidade e dos recursos naturais do planeta são agora fatores-chave de produção. Tudo deve ser lançado como ativos nas contas nacionais, em vez de ser lançado como uma dívida incobrável, como acontece até hoje com os investimentos públicos em educação, saúde e infra-estrutura de muitos países. O Brasil e todos os países recentemente industrializados podem se beneficiar com os erros e avanços das sociedades industriais para entrar nas tecnologias descentralizadas e na inteligência distribuída da emergente Era da Luz.

Atualmente, nem os governos nem os investidores privados podem ignorar os problemas e questões que, cada vez mais, tornam-se globais, fora do alcance dos governos nacionais: mudanças do clima, poluição transfronteiras, desertificação, AIDS, perda da biodiversidade e até o lixo espacial. Os grupos da sociedade civil são líderes nesses assuntos. A proliferação do tráfico de armas, a comercialização de drogas e as operações de câmbio ilegais favorecem o negócio do crime organizado. Os resíduos nucleares e tóxicos precisam ser contidos. As epidemias disseminadas pelo tráfego aéreo, bem como o terrorismo global, não podem ser atacados por qualquer nação atuando isoladamente. Não podemos nos impedir de ver o mundo globalmente interdependente que ajudamos a criar.

As biotecnologias poderosas, como a clonagem e os organismos geneticamente modificados, requerem testes de segurança internacional, rotulagem e padrões. As companhias e investidores socialmente responsáveis podem apoiar e até mesmo capitalizar sobre os padrões globais que elevam o patamar ético no mercado global, como enfatizei no Capítulo 3. Enquanto isso, o tratamento do crescimento contínuo das megacidades — mantendo ao mesmo tempo redes de segurança — requer investimentos públicos e privados maciços. É por este motivo que as contas nacionais (PIB) precisam agora incluir um lado de ativos para valorizar adequadamente esses investimentos em infraestrutura e equilibrar sua dívida pública. Poucos reconhecem que os EUA instituíram esta mudança em janeiro de 1996 ou que o Canadá as acompanhou em 1999. Os políticos, naturalmente, preferiram assumir o crédito.

Todos esses novos problemas e questões estão levando os governos nacionais a compartilhar sua soberania a fim de estabelecer ou reforçar agências internacionais, instituições regulamentadoras e padrões globais. O Compacto Global das Nações Unidas, lançado pelo Secretário Geral, Kofi Anan, convida as companhias a se engajarem voluntariamente em seus nove princípios de "boa cidadania empresarial". Os sindicatos de trabalhadores e organizações da sociedade civil apontaram corretamente que não havia necessidade de monitoração ou coação. Eles demandaram responsabilidade — e desde 2001 o Compacto Global das Nações Unidas vem desenvolvendo padrões mais elevados e mecanismos de responsabilidade. As questões de soberania precisam ser repensadas e "reestrategizadas" para os desafios atuais. O dinheiro tornou-se a praga dos processos políticos democráticos, como descreve o pesquisador de interesse público Alan F. Kay, em *Localizando Consenso para Democracia* (*Locating Consensus for Democracy* — 1998) e em www.publicinterestpolling.com. Os subsídios sustentaram os setores de combustíveis fósseis e sufocaram as inovações dos carros limpos e de emissão zero. Os subsídios aos setores agrícola e do aço nos EUA, promulgados pela administração Bush, estão às voltas com sua retórica de "livre comércio". De fato, esses subsídios agrícolas agora estão ajudando a destruir os pequenos agricultores no México. Quando estive no México, em dezembro de 2002, defendi que o governo mexicano renegociasse o NAFTA. Poucos são os subsídios que financiam as companhias pequenas que constroem os novos setores "verdes" sustentáveis da agricultura e da energia limpa. Ainda há tempo para que os países recém-industrializados evitem os enormes custos de infra-estrutura, mudando para energia fotovoltaica, solar, eólica e de biomassa — e buscando expansão na telefonia sem fio, como no Brasil, e acesso direto à Internet por *handhelds* e rádios movidos a energia solar e com modems.

Os novos mecanismos dos Acordos de Kyoto sobre Mudanças Climáticas (1998), embora falhos, também podem ser usados com vantagem. Isto inclui os Mecanismos de Desenvolvimento Limpo (CDM) e de Implementação Conjunta (estimulando parcerias com os países com tecnologia "verde") nos quais o Brasil teve um papel inovador. O comércio de Direitos de Emissão (Emissions Trading — ET), iniciado em Chicago e em outras bolsas de futuros, para negociar créditos em SO_2 e CO_2 (dióxido de enxofre e dióxido de carbono) ainda não é eqüitativo. As ET subsidiam as companhias e tecnologias poluidoras enquanto pune aquelas de recursos renováveis e sustentáveis. E pior, os créditos foram *concedidos* às companhias, em vez de serem leiloados. Somente uma distribuição per capita pode atender os padrões de eqüidade. Embora os Estados Unidos possam ser os últimos a ratificar o tratado de Kyoto, muitas companhias reconhecem essas novas oportunidades de lucro na redução de suas emissões de poluição e investimento em tecnologias menos poluidoras. Os países podem obter grandes vantagens dessas novas fontes de receitas à medida que mudam para o gás natural (com redução de 50% nas emissões de CO_2) e para todos os processos mais limpos e investimentos em recursos renováveis. O fato de obter plena vantagem dessas novas receitas é uma outra razão pela qual os países devem revisar suas contas nacionais e contabilizar plenamente suas infra-estruturas existentes. No Brasil, quando se calcular totalmente todos os ativos ecológicos sem preço — mananciais das florestas e bacias hidrográficas, recursos da biodiversidade para uso farmacêutico, ativos energéticos das marés e dos ventos e suas enormes taxas de insolação — ficará evidente que o Bra-

INTRODUÇÃO 47

sil é um dos gigantes da energia mundial. Por exemplo, a luz do sol que banha a Amazônia todos os dias contém a energia equivalente a cerca de sessenta bombas de hidrogênio, que é utilmente capturada pelas florestas. *O Ecologista* de Peter Bunyard avisa que a exploração dessas florestas levará a incêndios maciços e à desertificação. Com todos esses ativos ecológicos, fontes de energia e capital humano totalmente reconhecidos, todos os países em desenvolvimento estarão em posição de negociação muito mais forte *vis-à-vis* os países industriais da OECD.

A globalização trouxe muitas boas notícias sobre a nova economia da informação em rede, inclusive aprendizagem à distância, na qual o México foi o pioneiro, e cursos universitários para as pessoas confinadas às suas casas. Outros aspectos positivos da globalização desigual de hoje são a proliferação rápida e participação nos conceitos de desenvolvimento sustentável. O tempo e a atenção humana, bem como os ecossistemas vivos, estão começando a ser reconhecidos como valiosos em termos de dinheiro. Ao mesmo tempo, vivemos em "midiocracias", onde alguns poderosos da mídia controlam a atenção de bilhões de pessoas — para o bem ou para o mal. Isso mudou a política para sempre. Como destaquei no Capítulo 3, já estamos vivendo na nova Economia da Atenção e gradualmente abrindo mão dos bens materiais, ainda superavaliados pelo PNB tradicional. Os serviços que se proliferam muito rapidamente ainda são acrescidos lentamente ao PNB e esses recálculos respondem por muito do recente "aumento" de produtividade. Os fatores mais intangíveis dos padrões de vida são medidos pelos *Indicadores de Qualidade de Vida Calvert-Henderson*, mencionados anteriormente. O Relatório de Caracas de 1989, *Novos Meios para Medir o Desenvolvimento*, preparado para a Comissão do Sul, foi uma iniciativa pioneira da América Latina para corrigir o PIB. O Brasil e a Costa Rica também foram líderes em propor uma revisão de suas contas nacionais para incluir ativos ecológicos.

À medida que nossas economias se desmaterializam em favor de mais serviços, será mais difícil para as empresas e governos defenderem, na economia global, o crescimento do PNB baseado em bens. Eles serão cobrados por isso e terão que assegurar o progresso humano em saúde, educação, direitos humanos e qualidade ambiental. Isto requer que se meça os resíduos tóxicos, o esgotamento dos recursos, saúde, água e qualidade do ar, segurança pública, as diferenças na distribuição de renda e na qualidade de vida como um todo — e tudo isso requer uma abordagem de sistemas e métricas apropriadas, muito além de indicadores baseados em dinheiro. Os cidadãos recém-conscientizados, consumidores, empregados, investidores e as escolas avançadas de gestão, que fazem o treinamento desses cidadãos, como as da Amana-Key e do Instituto Ethos, em São Paulo, estão orientando o crescimento das empresas socialmente responsáveis.

Se o PIB fosse recategorizado e recalculado para os setores da Economia da Atenção, descobriríamos que esses setores de informação/serviços já são até mais dominantes do que aparecem nas revisões atuais. A mídia de massa e de entretenimento é uma porcentagem crescente do comércio global, grande parte dela promovendo o que há de pior no comportamento e nos valores humanos. O turismo responde por cerca de 10% do PIB global — e grande parte dele é não-sustentável. No lado positivo, o ecoturismo, com impactos mínimos sobre meios ambientes frágeis, está crescendo rapidamente e proporcionando rendimentos aos habitantes indígenas. A Forrester Research prevê que o comércio eletrônico global atinja US$ 3 trilhões até 2003. Vinte e oito por cento dos cidadãos norte-americanos estão voluntariamente simplificando a sua vida, no estilo típico da Economia da Atenção e em contraste com a sobrecarga da cultura da informação e sistemas de valores orientados para o consumo. Essas pessoas estão preferindo mais tempo livre e menos dinheiro e se mudando para cidades mais tranqüilas, menos caras, onde a vida é mais lenta, o transporte mais fácil e as comunidades ainda estão intactas. Os consumidores buscam suas próprias definições de "qualidade de vida" (e não a definição dos anunciantes). Além disso, os consumidores da Economia da Atenção exigem que as empresas reduzam cada vez mais as emissões, tratem bem seus empregados e adotem códigos de conduta.

A globalização desordenada de hoje precisa ser reformulada, democratizada e compartilhada. A educação e a assistência à saúde são

INTRODUÇÃO   **49**

agora reconhecidas em muitas campanhas políticas como questões públicas urgentes, porque são setores-chave da economia da informação. O capital do conhecimento, intelectual, social e ecológico é o principal fator de produção. Os combustíveis fósseis serviram como plataformas para a Era Industrial. Os setores da Era da Informação e da Era Solar continuarão a crescer mundialmente — particularmente no Brasil, México, Malásia, China e Índia.

Os dois setores, o "público" e o "privado", de nossos livros-texto de economia e política devem agora ficar para trás, à medida que o terceiro setor, o setor da sociedade civil, onde existe o maior número de pobres do mundo, assume seu lugar de direito nos negócios humanos. Cursos universitários atualmente estudam esses novos setores; os economistas e políticos não os compreendem. Após as batalhas de Seattle, Washington, Londres, Praga e Davos, governos e corporações aprenderam a respeitá-los. Até mesmo o Banco Mundial concorda que o "capital humano", as organizações da sociedade civil, as estruturas sociais, os valores e a cultura familiar devem ser estudados e reconhecidos no desenvolvimento econômico. A Carta da Terra, juntamente com outros diferentes manifestos de solidariedade humana e todas as convenções das Nações Unidas sobre direitos humanos, apontam para a evolução da ética e dos padrões globais necessários à nossa Era de Interdependência Global.

O mundo está se movimentando lenta e desigualmente para estratégias equilibradas, do tipo ganha-ganha, e para o domínio dos acordos e leis internacionais visando manter sob controle a concorrência predatória e a exploração, tanto dos povos quanto dos ecossistemas. A democracia lentamente se espalha na América Latina — mais espetacularmente no Brasil, com a avassaladora eleição do Presidente Lula da Silva. As tecnologias industriais primitivas estão lentamente cedendo lugar para as tecnologias energéticas e de informação benignas e ecologicamente descentralizadas. Todas essas transformações nem dependeram de novas religiões, porque a Terra está dando ao seres humanos todo o feedback necessário para que nos orientemos em direção a níveis mais elevados de consciência. A população humana aumentou. Hoje nossa espécie consome 40% da fotossíntese da biomassa do planeta. Estamos nos tornando ainda mais interdependentes. Precisamos aprender as lições de interdependência e criar um mundo ganha-ganha, se quisermos sobreviver. Hoje o planeta é o nosso ambiente de aprendizagem programada. Todos os nossos auto-interesses — vistos desta perspectiva maior — coincidem. No século retrasado, Charles Darwin especulou, como revelou David Loye em *A Teoria do Amor Perdido de Darwin (Darwin's Lost Theory of Love* — 2000), que a moralidade está sempre se tornando mais pragmática. Esta evolução dos sentimentos morais foi sempre um orientador dos negócios humanos. O comportamento cooperativo sem dúvida continuará a ter um papel-chave na expansão da consciência humana e na modelagem de formas de globalização para nossos valores e aspirações mais elevadas. Na verdade, um outro mundo é possível e realizável, à medida que nós, humanos, participemos democraticamente da construção de um futuro sustentável para todos os nossos filhos.

St. Augustine, Flórida, EUA
Janeiro de 2003

1
Globalização:
Os Atuais Dilemas

Hoje em dia, a globalização envolve crescente interdependência entre as economias domésticas, os mercados financeiros, comércio, corporações, produção, distribuição e marketing de consumo. Este processo de globalização é impulsionado por duas correntes. A primeira é a tecnologia, que tem acelerado a inovação da telemática, computação, fibras óticas, satélite e outros meios de comunicação; sua convergência com a televisão, a multimídia global, as bolsas eletrônicas para a comercialização de ações, títulos, moedas, commodities, opções futuras e outros derivativos, e a explosão global do comércio eletrônico e da Internet. A segunda corrente é a onda de quinze anos de desregulamentação, privatização, liberalização dos fluxos de capitais, abertura das economias domésticas, expansão do comércio global e as políticas de crescimentos orientadas para a exportação que se seguiram ao colapso do regime cambial fixo de Bretton Woods, no começo dos anos 70. Quando a União Soviética e sua economia estatal se desintegraram, a onda de experiências da desregulamentação dos mercados globais tornou-se conhecida como "O Consenso de Washington", isto é: o paradigma econômico dominante do Ocidente promovido pelos Estados Unidos, o Banco Mundial, o Fundo Monetário Internacional (FMI) e suas preponderantes escolas de economistas acadêmicos de ambos os lados do Atlântico.

Alguns historiadores de economia assinalaram precoces impulsos em direção da globalização: desde os exploradores das Américas

52 ALÉM DA GLOBALIZAÇÃO

e das Índias Orientais, no século quinze[1], até os regimes abertos de comercialização deste século, os quais entraram em colapso na Grande Depressão de 1930 e contribuíram para a explosão da Segunda Guerra Mundial. Ainda hoje, essa evidência está presente. As globalizações atuais são recentes e estão conduzindo para a reestruturação radical das economias domésticas e das sociedades. O livro em três volumes *A Era da Informação: Economia, Sociedade e Cultura* (1998), do sociólogo espanhol Manuel Castells, é elogiado por muitos destacados teóricos, inclusive por Anthony Giddens da Escola de Economia de Londres, como sendo "a tentativa mais precisa feita até hoje para o mapeamento dos contornos da era da informação global". Castells declara: "Um novo mundo está se formando neste final de milênio. Ele se origina na coincidência histórica, em torno do final dos anos 60 e meados dos 70, de três processos independentes, a revolução da tecnologia da informação, a crise econômica tanto do capitalismo quanto do estatismo e suas subseqüentes reestruturações; e o surgimento de movimentos culturais e sociais, tais como a doutrina do livre-arbítrio, os direitos humanos, o feminismo e o ambientalismo... as interações entre esses processos e as reações que eles provocaram fizeram surgir uma nova e dominante estrutura social, a sociedade de rede... e a nova economia global da informação bem como uma nova cultura."[2]

Real ou Irreal — A Economia de Hoje

Com a atual globalização das finanças no espaço cibernético, cidades-chave como Londres, Nova York, Tóquio, Cingapura, Hong Kong, Frankfurt e São Paulo tornaram-se expressões desta nova economia global em rede baseada na informação. As finanças, que supostamente estão a serviço da produção real e dos processos de comércio do mundo, têm se separado de forma muito ampla dos "tijolos e argamassa" das economias reais de locais e comunidades. A economia globalizada de hoje tem levado a um aumento dezesseis vezes maior do

GLOBALIZAÇÃO: OS ATUAIS DILEMAS **53**

comércio mundial desde a Segunda Guerra Mundial , cujo valor ascende a U$ 4 trilhões por ano (em torno de 15 a 20 por cento do PIB global calculado). Mais de quarenta mil empresas multinacionais com vinte e cinco mil afiliadas no exterior dominam dois terços do comércio global. Mesmo assim, este imenso volume de comércio é responsável por menos de 10 por cento dos fluxos financeiros a cada vinte e quatro horas, que somam US$ 1,5 trilhões todos os dias.

Nessas redes de mercados, essa economia global de fluxos é cada vez mais abstrata e divorciada dos formuladores de políticas nacionais e dos negócios locais, das pessoas comuns e daquelas que lutam pelo próprio sustento, bem como do ecossistema natural. Isto tem desencadeado novos riscos e novas desigualdades, que incluem a maior marginalização dos grupos sociais, povos nativos e países inteiros como muitos dos países da África, ampliando a distância entre ricos e pobres; trata-se da nova divisão entre os "ricos em informação" e os "pobres em informação" (info-ricos" e "info-pobres") e um aumento geral da pobreza global, como já documentado em sucessivas edições do *Relatório sobre o Desenvolvimento Humano* do PNUD. Dentro de uma geração, de acordo com o Índice do Planeta Vivo, compilado pelo Fundo Mundial para a Natureza e pela Fundação para a Nova Economia, a Natureza terá perdido cerca de 30% da sua capacidade produtiva.

Assuntos Reais e Problemas Reais

Hoje em dia, cada vez mais, os problemas e assuntos têm se tornado globais — além do alcance dos governos nacionais: desde as mudanças climáticas, a poluição transfronteiras, desertificação, e perda da biodiversidade até o lixo espacial. A proliferação do tráfico de armas, de drogas, crime organizado, resíduos nucleares e tóxicos e epidemias disseminadas pelo ar, sem mencionar o terrorismo global, não podem ser tratados por uma nação atuando sozinha. Os lucros gerais das redes globais do crime em 1994 foram estimados em US$ 750 bi-

54 ALÉM DA GLOBALIZAÇÃO

lhões a US$ 1 trilhão. Em torno de US$ 500 bilhões são lavados nos mercados financeiros globais.[3] As novas e poderosas biotecnologias, como a clonagem e os organismos geneticamente modificados, requerem testes de segurança e padrões internacionais. Enquanto isso, lidar com refugiados, populações de emigrantes, pessoas deslocadas e o contínuo crescimento de megacidades — mantendo, ao mesmo tempo, as redes de segurança — exige investimentos públicos maciços. As reações à globalização e às tecnologias e idéias do "Ocidente" incluíram a insurreição do fundamentalismo (os Cristãos nos Estados Unidos, os Muçulmanos em muitos países) e novas buscas de identidade na classificação étnica ou no nacionalismo — e os conflitos que isto freqüentemente engendra.

As nações enfrentam todos esses problemas e testemunham, ao mesmo tempo, a erosão de suas receitas fiscais, desviadas para paraísos fiscais ou bancos suíços. Em muitos países, interesses especiais e poderosos fazem lobby para obterem favores fiscais — solapando o papel de redistribuição da tributação. As bases de tributação das municipalidades e dos governos locais também sofrem erosão à medida que o comércio eletrônico, baseado na Internet, leva vantagem sobre o comércio tradicional. Nos Estados Unidos, os governadores estaduais e os prefeitos alertaram o Presidente Clinton de que a política de não-tributação do comércio eletrônico está provocando o fechamento de estabelecimentos comerciais locais. O comércio local deve pagar impostos sobre a propriedade, sobre as vendas — que de sua parte dão suporte para as escolas locais, hospitais, bombeiros e polícia — coisa que o comércio eletrônico não faz. Realmente, o crescimento explosivo do comércio eletrônico está baseado neste subsídio tributário e acesso barato aos sistemas de telecomunicações, cujo resultado foi a bolha da bolsa de valores. O próprio dinheiro se transformou em informação, à medida que cartões de débito, de crédito e trilhões de bits fluem entre milhões de computadores.

Todos esses novos problemas e assuntos estão fazendo com que os governos nacionais formem pools ou compartilhem sua soberania

GLOBALIZAÇÃO: OS ATUAIS DILEMAS 55

para estabelecer ou fortalecer as agências internacionais, os organismos de elaboração de regulamentações e os padrões globais. O exemplo mais proeminente de compartilhamento de soberania é representado pela União Européia. Compartilhar o poder não tem sido um assunto fácil, porém ele é resolvido eficazmente com a adoção do princípio da subsidiaridade: o controle é retido em nível local ou provincial sempre que adequado.

O Potencial Positivo da Globalização

Há também inúmeras boas novas trazidas pela globalização da nova economia da informação em rede. Junto com a péssima televisão e péssimo cinema, a pornografia na Internet e os video games, chegam a educação à distância e os cursos universitários para pessoas confinadas em seus lares, para prisioneiros e funcionários semi-especializados que procuram novas carreiras. A sociedade em rede avançou em termos de democracia em todo o mundo, ajudou a derrubar ditadores, abriu regimes opressivos, ampliou o pluralismo, avançou os direitos humanos e acelerou o fim da Guerra Fria. Merece especial destaque o avanço das organizações e movimentos de pessoas — trata-se agora de um "terceiro setor" distinto no mundo, que faz com que os setores público e privado sejam mais responsabilizados. O maior acesso à informação ajudou a delegar poder para os cidadãos, há mais opções de consumo, funcionários e investidores socialmente responsáveis. A sociedade da informação criou novos ganhadores — e se transformou na "era da verdade". As corporações estão aprendendo que "a lavagem de dólares" não funciona para sempre. Os políticos se sentem mais responsáveis pelas escuras negociações e duvidosas contribuições para suas campanhas eleitorais. As campanhas dos cidadãos comuns podem tornar-se globais como o Jubileu 2000 — agora presente em quarenta países — e que mudou o pensamento dos governos, bancos centrais e economistas sobre a necessidade de cancelar dívidas impagáveis e ilegítimas dos países mais pobres. Uma nova

56 ALÉM DA GLOBALIZAÇÃO

identidade está emergindo: o cidadão global, antes mesmo da chegada das estruturas de governança global.

Outros aspectos positivos da atual globalização são a rápida proliferação e compartilhamento dos conceitos de desenvolvimento sustentável, normalmente definido como o desenvolvimento que atende às necessidades do presente sem comprometer a capacidade das futuras gerações de atender às suas próprias necessidades. As idéias inovadoras das tecnologias mais verdes, a sustentabilidade local, a economia caseira, a agricultura orgânica baseada em contratos com a comunidade e os novos indicadores além do PIB são transmitidos na velocidade da rede. Nunca foi tão fácil compartilhar visões de nossa sociedade e da economia global com base nos princípios da justiça social, participação cidadã e consciência ecológica.

A Economia Irreal — Nosso Cassino Global

A desintegração econômica da Ásia tem conduzido a uma cobertura maciça sobre suas causas. As primeiras explicações, a partir do antigo paradigma do Consenso de Washington, focaram-se nas deficiências domésticas dos países asiáticos, em vez de se concentrarem nas falhas dos mercados privados. O ressurgimento, em 1999, destas economias asiáticas (amplamente via financiamento mediante déficit) impulsionou os mercados Ocidentais — e estabeleceu uma nova complacência. Porém os contínuos choques e instabilidades dos atuais mercados financeiros globais, finalmente, têm feito com que os ministros de finanças e diretores de bancos centrais repensem com cautela a necessidade de uma "nova arquitetura financeira". Desde o colapso do sistema de Bretton Woods em 1971, o sistema financeiro global tem se caracterizado pela crescente turbulência, aumento da dívida e uma separação dos fluxos financeiro e monetário existentes nas economias produtivas do mundo real do comércio e do consumo, que supostamente o dinheiro deveria facilitar e medir. Enquanto a teoria do livre mercado diz que se deve permitir o fluxo do investimento para

GLOBALIZAÇÃO: OS ATUAIS DILEMAS 57

onde possa ser de melhor uso, o cenário atual não permite que isso aconteça. O retorno rápido tem prioridade sobre o investimento a longo prazo. Se um país tomasse essa mesma atitude com relação a seu investimento, não colocaria recursos na educação... Evidentemente, esta não é uma estratégia muito segura.

As operações financeiras internacionais fogem das regulamentações nacionais e são centralizadas em Londres, Nova York, Tóquio, Hong Kong, Cingapura e em paraísos fiscais da Suíça, Ilhas Cayman, Antilhas Holandesas, Bahamas, Luxemburgo e Ilhas Canal. Mais de vinte mil corporações estão estabelecidas nas Ilhas Cayman e os depósitos nos 575 bancos lá existentes totalizam atualmente quase U$ 500 bilhões. Somente 106 destes bancos estão fisicamente presentes em Cayman e estima-se que 1,5 milhão de empresas operem atualmente "offshore" (uma explosão comparadas às 200.000 que operavam dessa forma em 1998). Os americanos representam 40% desses ativos.[4] Os serviços confidenciais dos bancos privados mundiais (para clientes com mais de US$ 1 milhão) aumentaram de U$ 4,3 trilhões em 1986 para U$ 10 trilhões em 1997 e a projeção para o ano 2000 é de U$ 13,6 trilhões. Os maiores protagonistas são o Union Bank da Suíça (US$ 580 bilhões), Crédit Suisse (US$ 290 bilhões) e, nos Estados Unidos, o Citibank, Chase e Merrill Lynch (com U$ 100 bilhões cada).

Enquanto isso, o efeito deflacionário da desintegração asiática ainda está à espreita e pode ser sentido na economia mundial. Nos Estados Unidos, o déficit comercial é enorme (em anos recentes atingiu uma média de U$ 20 bilhões por mês), a dívida corporativa privada está explodindo, a inadimplência dos títulos corporativos atingiram 5% e a dívida do consumidor forma uma bola de neve, enquanto que as taxas de poupança são negativas.[5] As bolsas dos Estados Unidos e da Europa ainda são bombeadas com bilhões de capital volátil procurando paraísos mais seguros, bem como um enorme incremento de empréstimos (com margens de 50%) para a compra de ações de Wall Street. Os fracos setores bancários, especialmente no Japão, se comprometeram com megafusões que talvez não os tornem mais fortes. Um rápido e positivo elo de feedback foi criado pelo "comportamen-

58 ALÉM DA GLOBALIZAÇÃO

to de rebanho" dos gerentes de ativos que seguem a teoria de alocação de ativos e se sentem obrigados a comprar os grandes índices: Dow Jones, Standard & Poor's, NASDAQ e o FTSE100 de Londres. O efeito do comportamento de rebanho é reforçado nos Estados Unidos pela "regra do homem prudente", a qual evita que os gerentes de ativos desviem muito além das ações *blue chip* — e nisso oferecem os grandes índices mais bem descritos como "a regra do jogo prudente".

Contabilidade Irreal

A verdade é que não é difícil fazer com que essas formas de globalização tenham uma boa aparência se sua contabilidade deixa de lado uma significativa minoria, ignora o desgaste de recursos naturais e desconta riscos futuros.

Medimos de acordo com nossa visão cultural dominante do que tem valor. Quando as contas do PIB foram estabelecidas na Segunda Guerra Mundial, as bombas, balas e produção de guerra eram a meta, enquanto que o valor das crianças, uma cidadania saudável e educada, infra-estrutura, redes de segurança social e o meio ambiente foram contabilizados como zero. Este ponto de vista estatístico ainda perdura — não só devido à inércia burocrática, mas devido aos setores, grupos de interesses e forças políticas poderosas que se beneficiam desse sistema de contas nacionais. Os orçamentos militares permanecem sem limites, ao passo que as redes de segurança social, saúde, educação, meio ambiente e até reparações da infra-estrutura são empurrados para baixo nas listas de prioridades do orçamento nacional. O emprego, trabalho social, paternidade, serviços sociais e as redes de segurança foram lentamente desvalorizados enquanto que as próprias finanças (por exemplo, a evasão de ativos em papel) são supervalorizadas. Os setores de serviços financeiros cresceram nove vezes — fora de qualquer proporção com a economia real para a qual foram desenhados para dar apoio e prestar serviços.[6] Esse mesmo processo tem também desvalorizado o setor de commodities e os recursos naturais, que há 12 anos estão em baixa. Pode-se simplesmente ganhar mais dinheiro detendo e comercializando ativos financeiros.

O Comércio Eletrônico Global

Nos últimos vinte e cinco anos, muitos críticos como eu assinalaram que este superexplodido setor financeiro era uma "bolha" e que quando se deflacionasse, como ocorreu em outubro de 1987, os recursos tradicionais e as economias baseadas no capital humano realmente seriam beneficiados.[7] Mesmo assim, os ciberlibertários, empresários da Internet e o comércio monetário eletrônico não gostam de restrições terrestres, ainda que as leis da termodinâmica estejam em operação. Pode-se completar o tanque de gasolina de um carro com um "galão virtual de gasolina" ou conduzir através do "fluxo de serviços" de uma ponte. Tudo isso foi comentado por Nicholas Georgescu-Roegen em seu livro *A Lei da Entropia e o Processo Econômico*, de 1971, que considerei o "novo Keynes".[8]

Embora os progressos nas comunicações e nas ciências materiais conduzissem, desde então, a uma profunda desmaterialização das economias dos países ricos, os debates atuais discutem até que ponto este processo — chamado de "efemerização" pelo futurista Buckminster Fuller — pode continuar substituindo os recursos naturais por serviços, reciclagem, conhecimento e comunicações. O Instituto Wuppertal (Alemanha) e o Instituto Rocky Mountain (Estados Unidos) estudaram esses processos e avaliaram que é possível um aumento de eficiência entre quatro e dez vezes mais no uso de energia e de materiais (veja Diretório). É aqui que os investimentos em pessoas e em infra-estrutura social são a chave. As sociedades não podem continuar desmaterializando suas economias sem investir na manutenção dessa arquitetura social e capital humano para conseguir maiores avanços nas pesquisas.[9] O conhecimento, capital humano, confiança, valores coesos e profunda gestão da biodiversidade do planeta e dos recursos naturais são agora os fatores-chave da produção. Paradoxal-

60 ALÉM DA GLOBALIZAÇÃO

mente, a forma atual da economia global da informação e o comércio eletrônico reduzem ao máximo os recursos tributários dos governos (locais e nacionais) necessários para investir em recursos humanos e nova infra-estrutura.

Hoje em dia, os mercados eletrônicos globalizados oferecem uma visão direta e rápida do que podemos esperar. Mais da metade das cem maiores corporações globais de 1999 da Business Week trabalham no setor da informação e dos serviços financeiros. Elas aceleram o domínio do sistema de preços de custo baixo e cheio (os preços de hoje não incluem os custos sociais e ambientais) sobre os diversos e tradicionais valores, culturas e instituições que formam o "código do DNA cultural" das diferentes sociedades. Assim, elas promovem os preços mais baixos como um benefício para os consumidores, enquanto que os custos se acumulam sem que ninguém perceba ou são pagos por outra pessoa. As políticas adequadas e investimentos macroeconômicos domésticos na infra-estrutura de serviços públicos tornam-se as vítimas dos mercados voláteis e desregulamentados e da bolha financeira.

Os Governos Ainda São Responsáveis

Tudo isso não significa que os governos sejam impotentes.[10] Todavia, consideramos que os governos e os políticos se esquivam dessas responsabilidades que, muitas vezes, são parte de suas promessas eleitorais. Até os políticos mais democraticamente eleitos freqüentemente renegam essas promessas e começam a modelar suas políticas de acordo com o status quo e interesses particulares. O dinheiro tornou-se a maldição dos processos políticos democráticos na maioria dos países ricos e dos países em desenvolvimento que aspiram a serem mais democráticos. Por exemplo, as contribuições mexicanas de US$ 40 milhões para os membros do Congresso Americano ajudaram a aprovar o NAFTA. Muitos estudos recentes descobriram que somente 30% dos Americanos confiam nos políticos de Washington e nos servidores públicos.[11]

GLOBALIZAÇÃO: OS ATUAIS DILEMAS **61**

Na Europa e em outros lugares, muitos governos marcados por escândalos colocaram os fundos de seus contribuintes, juntamente com suas forças de trabalho e seus recursos naturais e ambientais, em um leilão global para seduzir (subornar) corporações, bancos e instituições financeiras para se estabelecerem em seus países. Esses leilões subsidiam as novas instalações dessas corporações com freqüência a custos absurdos. Por exemplo, *The Economist*, revista sediada em Londres, relatou (1º de fevereiro de 1997, p. 25) que, em 1991, Portugal pagou para Auto Europa, Ford e Volkswagen US$ 254.000 por emprego criado, enquanto que o estado de Alabama, Estados Unidos "subornou" a Mercedes-Benz com US$ 167.000 por emprego criado. Esses enormes subsídios corporativos poderiam ter financiado microempresas ou fornecido rendimentos garantidos por toda a vida para muitos desses potenciais trabalhadores empregados.[12]

A corrupção é endêmica — não é apenas uma coisa recentemente descoberta na Ásia. Chefes de Estado se atropelaram duvidosamente no Fórum Econômico Mundial de Davos para oferecer esses "adoçantes" da desregulamentação, subsídios e isenções tributárias para os altos executivos corporativos. Eles barganharam os impostos e a soberania de seus cidadãos na atual guerra global pelas empresas. Clive Crook do *The Economist* nos conta que os governos não se encontram em retração, mas estão se tornando cada vez maiores e menciona PIBs gastos pelos governos. Esses números gerais não nos dizem quanto desse gasto governamental é conduzido por interesses financeiros e corporativos para os bilhões de favores tributários e subsídios anuais de que desfrutam. Realmente, muitos governos tornaram-se as "vacas leiteiras" das corporações enquanto que alguns mergulharam na cleptocracia.

As Corporações Globais

A lei corporativa permite às empresas limitarem seus passivos e sonegar a responsabilidade pública. Pior ainda, nos Estados Unidos, os certificados das corporações, outorgadas pelo governo, lhes proporcionam todos os direitos das "pessoas físicas". Essas entidades corporativas e financeiras cresceram com os anos para exercer um enorme poder sobre os funcionários públicos eleitos e governamentais. As ondas de megafusões estão aumentando o poder de monopólio em muitos setores. Ao mesmo tempo, a gestão das empresas está passando para o espaço cibernético. Michael Dell, CEO da Dell Computers, exulta: "a gestão, muito mais dependente da informação logo migrará para o etéreo. As infra-estruturas físicas estão se tornando obsoletas".[13] Os cidadãos da maioria dos países da OCDE estão se organizando para conseguir proteção do governo contra a irresponsabilidade corporativa.

Um exemplo foi a proposta patrocinada por corporações para criar um Acordo Multilateral do Investimento (AMI). Com o passar dos anos, passo a passo, acordo por acordo, os estados negociaram os protocolos das Nações Unidas sobre a biodiversidade, mudança climática, e cinqüenta anos de tratados sobre normas relacionadas aos direitos humanos e dos empregados e à proteção ambiental. Cerca de 560 grupos cívicos de sessenta e oito países do mundo conseguiram descarrilar o Acordo Multilateral do Investimento, o qual teria enfraquecido esses protocolos existentes para favorecer as corporações em detrimento dos cidadãos. As mesmas preocupações estão agora orientando a campanha global para deter ou redirecionar a Rodada do Milênio da OMC.

Necessidade: Uma Revolução na Contabilidade

As promessas exageradas de Wall Street sobre o setor da informação declaravam que a produtividade e a globalização levariam a uma terra prometida de crescimento estável do PIB, baixa inflação e riqueza sem precedentes. Em setembro de 1999, a *Wired*, revista do setor da Internet, previa uma média de 30.000 pontos para o Dow Jones em quatro anos. Enquanto a matéria de capa do *Atlantic Monthly* seriamente argumentava que o Dow Jones atingiria 36.000 pontos. Uma visão mais realista é que o vôo do capital global para Wall Street

GLOBALIZAÇÃO: OS ATUAIS DILEMAS   63

e outros fatores estão formando uma clássica bolha de expansão. Outros cenários destacam os problemas locais, étnicos, comunitários e nacionais frente à globalização.[14] A realidade é que cada uma dessas hipóteses se baseia em diferentes paradigmas e interpretações, que produzirão previsões conflituosas. O único caminho direto é ir além das limitadas ferramentas da medição econômica que usamos e desenvolver uma abordagem mais sofisticada para entender o sistema global que estamos criando.

Notas

1. Vide, por exemplo, D. Landes, *A Riqueza e Pobreza das Nações* (Nova York: W.W. Norton, 1998) para uma importante interpretação do desenvolvimento econômico que abrange cultura, clima e geografia.

2. M. Castells, *A Era da Informação: Economia, Sociedade e Cultura* (Malden, Mass. and Oxford: Blackwell, 1998), Vol. III, p. 356.

3. M. Castells, p. 169.

4. R. Morgenthau, "No Rastro do Capital Global", *New York Times*, 9 de novembro de 1998, p. 125.

5. "Uma bomba de Tempo para Tomadores de Empréstimos?", *Business Week*, 30 de agosto de 1999, p. 30 e "O Dilema da Inadimplência", *Business Week*, 6 de setembro de 1999, p. 72.

6. P. Dembinski e Schoenenberger, "A Aterrissagem Segura do Balão Financeiro não é Impossível", *Finance & the Common Good* (Outono 1998), Genebra.

7. *UTNE Reader*, agosto de 1997.

8. Vide minha revisão na *Harvard Business Review* (1971).

9. Vide, por exemplo, D. Lamberton, org. *A Economia da Informação e o Conhecimento* (Nova York: Penguin Books, 1971).

10. Vide, por exemplo, L. Weiss (1998), *O Mito do Estado Impotente*, Cornell University Press.

11. A. F. Kay, "Localizando o Consenso para a Democracia", Americans Talk Issues Foundation, 1998.

12. Como foi documentado, por exemplo, em "O Custo do Bem-estar Corporativo", *Time* (novembro, 1998). Website: www.time.com

13. Suplemento "O Mundo em 1999", *The Economist*, p. 96.

14. Vide, por exemplo, J. Orstrom Moller, *O Futuro Modelo Europeu* (Westport, Conn.: Praeger/Greenwood, 1995) e S. Huntington, "O Choque das Civilizações", *Foreign Affairs* 72, Nº 3 (Verão 1993).

2

Da Economia para o Pensamento Sistêmico

Em outras obras já detalhei o abismo existente entre a atual globalização econômica e as teorias econômicas dos livros-texto, com suas premissas de "mercados eficientes", equilíbrio econômico geral e atores "racionais" atuando em mercados com informações perfeitas, todos operando com impactos negligenciáveis sobre inocentes espectadores e o meio ambiente.[1] Esse atraso teórico tem desempenhado um papel-chave na justificação do sistema existente e levado milhões de pessoas a ficarem presas à pobreza, causado desemprego, subemprego e perda de meios de vida.

Algumas das mudanças necessárias nas estatísticas estão em curso: desde a reforma do conceito de PNB/PIB para contabilizar o capital natural e humano e subtrair os custos sociais e ambientais até o recálculo dos Índices de Preços ao Consumidor (IPCs).

Entendendo a Criação de Riqueza

Na atualidade, é imperativo que, por exemplo, as contas nacionais de todos os países e do Sistema de Contas Nacionais das Nações Unidas (SCNNU) incluam o trabalho social não pago para manter os meios de vida tradicionais, a família e a vida comunitária. Essas mudanças foram recomendadas a partir da Segunda Guerra Mundial por

Figura 1
Sistema Produtivo Total de uma Sociedade Industrial
(Bolo de Três Camadas com Cobertura)

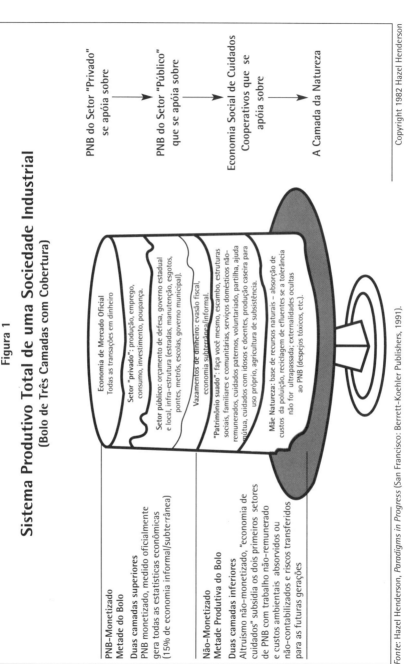

Fonte: Hazel Henderson, *Paradigms in Progress* (San Francisco: Berrett-Koehler Publishers, 1991).

Copyright 1982 Hazel Henderson

66 ALÉM DA GLOBALIZAÇÃO

mim e por uma minoria de economistas: K. W. Kapp (1950); E. J. Mishan (1974); K. W. Boulding (1968); B. Ward (1962) e pela New Economics Foundation (NEF) e um crescente número de economistas. A SCNNU foi estabelecida nos anos 50 depois de ter sido originalmente projetada para maximizar a produção de guerra no Reino Unido durante a Segunda Guerra Mundial. Em 1995, o Programa das Nações Unidas para o Desenvolvimento (PNUD) produziu uma estimativa de US$ 16 trilhões desse trabalho voluntário social não pago, que simplesmente não estavam incluídos do PIB global de 1995 que era de $ 24 trilhões[2] — ilustrando as enormes dimensões dessa omissão.

Esse trabalho não pago (paternidade, cuidados aos anciãos e membros doentes da família, agricultura para alimentar a família e atender necessidades comunitárias, manutenção de lares, voluntariado dos serviços comunitários, construa sua própria casa e construção comunitária) é estimado em cerca de 50% de toda a produção dos países da OCDE e de 60 a 65% nos países em desenvolvimento — dependendo do tamanho de seus vilarejos tradicionais e economias nativas.[3]

A crítica dos ambientalistas à UNSNA também tem sido persistente. Muitas alternativas de "PIB verde" foram propostas, tais como a IQFV (Índice de Qualidade Física de Vida) de David Morris[4], o Índice de Bem-estar Econômico de Herman Daly e John Cobb[5], agora calculado em muitas versões nos países da OCDE, inclusive nos Estados Unidos, Reino Unido, Suécia e em muitos outros.

As políticas macroeconômicas também devem contabilizar os valiosos bens e serviços públicos que agregam valor à qualidade de vida mas cujo preço não é calculado (por exemplo, serviços policiais e dos bombeiros, agências de saúde e de proteção ambiental etc.), sem os quais as complexas economias tecnológicas não podem funcionar. Desta forma, o Índice de Preços ao Consumidor dos Estados Unidos pode estar supervalorizado em 1,5%, como relata a Comissão Boskin, ou até mais do que isso, caso o valor dos serviços públicos cujo preço não é calculado seja incluído. Os preços da energia e dos alimentos continuam sendo excluídos do índice "central" — junto com a depreciação da infra-estrutura e outros ativos nacionais. *The Economist*

DA ECONOMIA PARA O PENSAMENTO SISTÊMICO   67

recomendou, de forma sensata, que os ativos financeiros e imobiliários fossem acrescentados à inflação medida pelos Índices de Preços ao Consumidor (9 de maio de 1998). Toda esta revisão estatística terminaria recalibrando o Banco Central americano e todas as suas políticas, bem como o Índice de Desemprego Real (NAIRU) e os déficits de orçamento e previdência social.

Mais do que nunca, as novas métricas multidisciplinares para medir a qualidade de vida devem complementar os atuais sistemas de PIB das contas nacionais, para registrar contabilmente o capital social e humano, os ativos ecológicos e o trabalho não-pago. O mais urgente é a inclusão do orçamento de ativos de modo a contabilizar adequadamente a infra-estrutura e outros investimentos públicos. Esses enormes investimentos foram contabilizados como despesas no PIB — causando grandes déficits orçamentários e superestimativas da inflação. Os Estados Unidos seguiram a direção da Nova Zelândia e da Suíça, que em 1996 criaram essa conta de ativos de infra-estrutura pública — o que causou um "superávit" no seu orçamento de 1999. O imparcialmente baseado em Londres *The Economist* (10 de outubro de 1998, p. 18) sugeriu que o Japão começasse a "imprimir dinheiro" (por exemplo, monetizando a sua dívida), mas teria feito muito mais sentido contabilizar adequadamente a maior parte de sua "dívida" como ativos públicos financiados pelo país.

Esses investimentos públicos devem ser transportados e levados à conta de lucros e perdas durante sua vida útil, que freqüentemente é de cinqüenta a cem anos. O PIB é um demonstrativo de "fluxo de caixa" de transações com dinheiro, com esses investimentos a longo prazo (infra-estrutura, educação, saúde infantil, etc.) tratados como "consumo" e baixados todos os anos. Tente operar uma corporação dessa maneira — como se uma instalação de produção de alto custo não pudesse ser amortizada durante sua vida útil. Esta correção estatística reduziu o déficit orçamentário dos Estados Unidos em aproximadamente $ 100 bilhões por ano, devido ao registro contábil de alguns ativos de infra-estrutura, porém não foram incluídos a educação e outros investimentos em capital humano ou social (por exemplo, a

ALÉM DA GLOBALIZAÇÃO

Figura 2

A Idade da Luz
O Surgimento de Tecnologias de Ondas Luminosas (Fotônica)

• Fibra ótica	...comunicações por cabo, voz, dados, etc.
• Scanners óticos	...supermercados, bancos, sistemas de computação em linha.
• Laser	...cirurgia com laser, impressoras a laser, toca-discos laser, frascos laser para visualizar átomos, propulsão a laser, sistemas de armas, arte com laser.
• Holografia	...desenho assistido por computador (CAD), manufatura assistida por Computador (CAM), manufatura integrada por computador (CIM), arte.
• Tecnologias solares	...aquecimento e resfriamento solares passivos, conversão da energia térmica solar, hidropônica, acquacultura, "torres de energia" com refletor solar, conversão fotoquímica (fotossíntese artificial e natural), fotovoltaica, conjuntos de células solares para fornecer energia aos satélites, coletores solares baseados no espaço, velas solares para viagens espaciais.
• Computadores óticos	...usam pulsações de luz em vez de impulsos elétricos, computação à velocidade da luz.
• Multiprocessadores, computadores paralelos e redes neurais	...arquitetura muito rápida que permite o processamento simultâneo em vez do seqüencial, reconhecimento de voz e da fala, aplicações para linguagem e inteligência artificial (IA).
• Tecnologias de imagem	...imagens de TV, telas de cristal líquido, diagnóstico por imagem magnética.
• Biotecnologias	...separação genética, projeto e engenharia molecular, diagnóstico médico, imunologia, cultura de tecidos, clonagem, hibridização de plantas, "re-desenho" e bio-cura.
• Máquinas de genes	... automatizam a montagem sintética dos genes.
• Seqüenciadores de DNA	..."leitura rápida" do código do DNA das células.
• Marcação e rastreamento de produtos químicos e genes	...usando luciferase etc.
• Nanotecnologias	..."máquinas moleculares" para montar, reparar moléculas, de diversas formas (por exemplo, teorias de Eric Drexler em *Engines of Creation*, 1986).

Fótons (luz do Sol) que banham a Terra fornecem em apenas 10 minutos energia suficiente para colocar em órbita nossa inteira população de 5 bilhões de pessoas.

Fonte: Adaptação de Hazel Henderson, *Paradigmas em Curso* (San Francisco: Berrett-Koehler Publishers, 1991).

DA ECONOMIA PARA O PENSAMENTO SISTÊMICO   **69**

ciência, a pesquisa e o desenvolvimento etc.). O superávit orçamentário dos Estados Unidos foi também alcançado por impostos adicionais coletados sobre os ganhos de Wall Street e uma redução de cerca de $ 100 bilhões em despesas militares extras. Esse superávit orçamentário, apresentado como o resultado de uma gestão econômica mais eficiente (certamente de uma contabilidade melhorada), atraiu bilhões de capital volátil de outros agitados mercados depois da crise Asiática tornar-se global, que procuraram paraísos seguros na bolsa dos Estados Unidos e nos mercados de títulos. Se todos os outros países simplesmente fizessem os mesmos recálculos de seu PIB, logo todos apresentariam similares superávits orçamentários. Então, por que não o fazem? Certamente, essas correções sensatas de todas as contas nacionais seriam melhores do que colocar novamente os contribuintes em mais risco para resgatar os especuladores, como foi proposto pela *Business Week* em "uma redução global do valor da dívida" (por exemplo, a dívida privada) em sua edição de 7 de setembro de 1998.

Os países membros da União Européia (com uma média de 11% de desemprego) cortaram suas redes de segurança nacionais para atender aos critérios de Maastricht, os quais incluíam 3% ou menos de déficits orçamentários. Alguns anos atrás, eu instei o pessoal de políticas da Comissão que deveriam checar as contas de ativos dos PIBs de seus países membros para verificar se não estavam faltando os investimentos em infra-estrutura pública. Isso poderia ter evitado cortes dolorosos do orçamento e as posteriores inquietações políticas e greves — particularmente na França. O novo euro, supervisionado pelo independente Banco Central Europeu, restringirá ainda mais as políticas econômicas domésticas — exacerbadas pelo "pacto de crescimento e estabilidade". O maior aperto das políticas fiscais forçará a desregulamentação e cortes na segurança do emprego e benefícios para os empregados nos onze países do euro e promoverá "a mobilidade de mão-de-obra" entre eles (por exemplo, maior migração econômica cujos custos sociais não são registrados contabilmente). Ao mesmo tempo, na atual crise econômica global, uma grande proporção da dívida pública do Japão, Coréia e outros países asiáticos, bem como da Europa e América Latina, poderia ser reduzida junto com o desemprego, realizando essas correções contábeis.[6] É preciso enfatizar que essas contas de ativos do PIB devem também incluir investimentos em capital social a longo prazo (educação, saúde, desenvolvimento infantil e pesquisa e desenvolvimento) para manter a base de conhecimento da sociedade e uma qualidade de vida geral. O novo Índice de Riqueza do Banco Mundial, introduzido em 1995, segue a direção certa — porém ainda tem pouco efeito sobre as operações.

Enquanto isso, a UNSNA ainda supervaloriza os bens e artefatos da era industrial em declínio, ao passo que muitas economias da OCDE estão chegando aos 70% do produto sob a forma de serviços, como os Estados Unidos. Esses serviços, no entanto, ainda não incluem aqueles da economia informal, serviços não-pagos e domésticos. Esses setores são desgastados diariamente devido à negligência — famílias separadas, desintegração de comunidades, drogas, decadência do interior da cidade e disseminação de epidemias como a tuberculose. Os estatísticos dos Estados Unidos estão trabalhando na revisão das categorias do PIB que ainda são dominadas por bens e mercadorias para incluir software, serviços, indústrias do conhecimento e capital intelectual. Similarmente, as firmas de contabilidade estão lutando com o "capital intelectual" e "bens intangíveis" na revisão dos balanços corporativos, incluindo a auditoria social, ambiental e ética — o que representa o maior avanço na contabilidade desde a invenção da escrituração contábil com partida dobrada. Porém a confusão conceitual ainda persiste à medida que entramos mais na "Idade da Luz" (vide Figura 2) baseada no conhecimento mais profundo da natureza e de nós mesmos, e potencializada por recursos renováveis e energia solar.[7] É preciso completar esta revolução contábil para dirigirmos as políticas econômicas de volta para o bem comum, a qualidade de vida e uma sólida gestão do meio ambiente.

O Pensamento Sistêmico

A complexa compreensão da nova economia global requer ir além da economia para uma abordagem multidisciplinar. No livro *Economia: A Cultura de uma Ciência Controversa* (1998), Universidade de Chicago, o Professor Melvin W. Reder descreve a "crise de hoje dentro da ciência econômica": a insegurança quanto ao status da disciplina, o desentendimento interno sobre seu escopo e métodos e se a economia é uma ciência ou uma "ideologia disfarçada".[8] Os pesquisadores ligados a organizações como a New Economics Foundation (a Fundação da Nova Economia), inclusive eu, James Robertson, Simon Zadek, Ann Pettigrew e outros fora da área econômica, se comprometeram durante muitos anos com o repensamento da economia. Lidar com as tarefas de reestruturação da economia global requer múltiplas disciplinas e métricas que vão além do dinheiro — isto é, uma abordagem sistêmica.

O pensamento sistêmico surgiu neste século, precisamente para abranger as complexidades da mudança institucional e o comportamento dinâmico de grandes organizações e de sistemas globais. As tarefas inter-relacionadas da remodelagem da economia global situam-se em sete níveis: global, internacional, nacional, corporativo, governos locais, sociedade cívica e a família/indivíduo. Isso é necessário para realizar o mapeamento de estratégias coerentes em cada nível, analisando como elas interagem e como podem reforçar umas às outras. Os teóricos de sistemas demonstraram que muitos de nossos problemas sociais e ambientais vividos em um nível são gerados em outro nível. O paradigma reducionista de resolução de problemas, um de cada vez, separadamente, sem uma visão geral de todo o sistema, é precisamente o que gera impactos em todos os níveis, ou seja, trata-se da lei das conseqüências não intencionais.

O planeta nos ensina estas lições dos sistemas todos os dias e a natureza dotou aos humanos grandes cérebros (a maior parte de sua capacidade não é utilizada). Nós temos caixas de ferramentas mentais para detectar padrões e paradigmas completos e a capacidade de nos

72 ALÉM DA GLOBALIZAÇÃO

concentrar detalhadamente neles. Para entender a economia global precisamos usar nossas câmeras mentais tanto para retroceder quanto para tirar "amplas fotos", usar o zoom e focar — em todos os sete níveis. Outra ferramenta mental do pensamento de sistemas é procurar elos de feedback. Esses são os caminhos ao longo dos quais as ações e os impactos são transmitidos. Esses feedbacks são considerados "positivos" quando o elo de feedback amplifica o efeito (por exemplo, os seres humanos têm filhos, os quais por sua vez têm mais filhos — o que trouxe a população humana do planeta para os atuais seis bilhões de pessoas). Os feedbacks são chamados de negativos quando compensam ou cancelam os efeitos das ações (por exemplo, se os valores humanos mudam e as pessoas têm menos filhos, as taxas de fertilidade caem, como atualmente ocorre em quarenta países). É essencial observar esses elos de feedback para mapear como as redes e as organizações humanas funcionam e interagem — bem como para achar ótimas políticas e pontos de intervenção.[9]

Nossa economia global em rede é composta por milhões de ações e interações diárias em todos os níveis — entre governos, bancos, investidores, corporações, funcionários e consumidores — todos aninhados em ecossistemas. Lamentavelmente, muitos milhões são cada vez mais deixados fora dessas redes. Eles são os pobres, os povos nativos, os desempregados e os que estão nos tradicionais setores informais, de agricultura de subsistência e atividades domésticas remuneradas em povoados do mundo. Quase todo o continente africano (com exceção da África do Sul) foi desviado dos fluxos da economia global como foi descrito por Yash Tandon.[10] Cidades do interior e áreas rurais de muitos dos países da OCDE também foram desfavorecidas. Os elos de feedback das suas necessidades são fracos demais para afetarem o sistema. Nos Estados Unidos, o grupo de cidadãos de Boston "Unidos por uma Economia Justa" documenta a polarização da economia dos Estados Unidos. Por exemplo, só 7,8% do aumento de riqueza de 1997-1998 dos quatrocentos americanos mais ricos (US$ 7,8 bilhões) financiaria educação pré-escolar para dois terços das crianças pobres que ainda não recebem esse serviço.[11] Até nos paí-

DA ECONOMIA PARA O PENSAMENTO SISTÊMICO   73

ses ricos, a riqueza, o poder e a informação migram para a pista rápida da globalização.

A Falência da Economia Convencional

Dessa forma, os pensadores sistêmicos e futuristas afirmam que a maioria dos modelos econômicos dos setores privado e público nos levam para o futuro com os olhos fixos no espelho retrovisor. Muitos e excelentes livros relacionados na bibliografia oferecem análises corretivas e perspectivas mais amplas sobre caminhos alternativos para a sustentabilidade. No entanto, a maioria dos livros-texto ainda consideram os seres humanos como cobaias nos modelos de computação dos simuladores sociais da moda ou como átomos da tradicional física newtoniana. Esta visão "objetiva" (que facilita a matemática) pressupõe que todas as ações humanas da sociedade são irrelevantes, estatisticamente cobertas pela Lei dos Grandes Números. Pressupõe-se que até os poderosos produtores não têm impacto na estrutura da economia de modelos. Alguns economistas e a maioria dos pensadores sistêmicos têm uma opinião oposta. Eles acreditam que os mercados financeiros são influenciados por grandes instituições — desde governos até corporações globais e investidores institucionais — dentro de redes globais de tempo real cada vez mais entremeadas, onde os excessos e o comportamento de rebanho são amplificados. Assim, a teoria dos jogos, os modelos de caos, a antropologia e a psicologia tornam-se ferramentas mais adequadas para estudar como os mercados são afetados pelas interações de expectativas mútuas de atores. Lamentavelmente, as "sociedades artificiais" — modelos de economistas matemáticos que programam "agentes humanos" simulados com o mesmo comportamento econômico competitivo, de auto-maximização das instituições — recriam, sem surpresas, as lacunas de pobreza e as guerras comerciais.[12] Modelos de computação que calculam fatores de risco e preços de derivativos permitem fatores de risco da ordem de 20 a 40%. Ainda assim levaram a enormes perdas. O Comitê do Prêmio Nobel, que em 1997 outorgou o prêmio de economia para os dois sócios criadores do fundo Long Term Capital Management, que iria à falência pouco tempo depois, outorgaram em 1998 o prêmio para Amartya Sen, que estuda a pobreza e temas morais. Alguns economistas inovadores (que tomam modelos emprestados de sistemas, da teoria do jogo e do caos e do estudo de sistemas adaptativos complexos) foram além da Era Industrial e da visão mecanicista mundial. Por exemplo, W. Brian Arthur, do Instituto Santa Fé, usa modelos de sistemas cibernéticos orientados com elos de feedback — existentes há mais de cinqüenta anos — para mostrar que nos mercados em rede há rendimentos crescentes (e não apenas decrescentes) de escala e "dependência de caminhos" na inovação (por exemplo, as condições iniciais se amplificam em sistemas não lineares devido aos feedbacks positivos).[13] Esse fenômeno sustenta a corrida pela colonização da Internet pelo comércio eletrônico, pelas novas empresas "ponto com" e o domínio do mercado pela Microsoft. As novas empresas "ponto com" assumem grandes dívidas para rapidamente captar participação de mercado. Os ecologistas estudam estratégias de "colonização" semelhantes em plantas anuais e ervas daninhas de rápido crescimento. Como os investidores na Internet estão aprendendo, centenas de "ervas daninhas" precoces ficam agitadas à medida que os setores tecnológicos amadurecem — no processo que em primeira instância Schumpeter descreveu como "a destruição criativa" do capitalismo. Paul Romer, da Universidade de Stanford, nos Estados Unidos, e Charles Leadbeater da Demos, no Reino Unido, lembram os economistas algo que os futuristas souberam durante décadas: isto é, que a tecnologia deve ser incorporada como variável-chave em todos os modelos macroeconômicos. A tecnologia e o conhecimento, longe de serem fatores "residuais" da produtividade, claramente são seus motores de propulsão. Todavia, as medidas de produtividade são fervorosamente debatidas. Robert Gordon considera dois terços da produtividade americana, a partir de 1995, como o resultado de revisões estatísticas.[14] Michael Rothschild, em *Bionomics* (1990) e Kevin Kelly, em *Fora de Controle*

DA ECONOMIA PARA O PENSAMENTO SISTÊMICO 75

(1994), revisualizam as economias como ecossistemas em termos muito familiares para os futuristas e ecologistas, fazendo eco ao *Criando Futuros Alternativos: O Fim da Economia* (1978, 1996). Claramente, os diálogos interdisciplinares entre todos esses visualizadores do mundo são urgentemente necessários nos dias de hoje. Dessa forma, poderão surgir ferramentas analíticas mais apropriadas e melhores propostas de políticas.

Esses argumentos estão na base do debate atual na imprensa de negócios sobre a natureza da "Nova Economia", o papel de milhões de *day traders* (operadores independentes que especulam comprando e vendendo as mesmas ações, no mesmo dia, nas bolsas) e o aumento exponencial de volatilidade dos mercados de capitais nos Estados Unidos. Tudo isso é importante para saber se é correta a nova opinião de Alan Greenspan, presidente do Banco Central americano, sobre o atraso estatístico na medição da produtividade. O "superávit" dos Estados Unidos, amplamente superestimado para atingir US$ 6 trilhões em 2015, desencadeou um novo debate sobre a redução de impostos ou até o pagamento da dívida doméstica com taxas de juros mais baixas. Os entusiastas aclamam a transição do industrialismo para uma economia global da informação. A *Business Week* tem freqüentemente publicado que a globalização e a crescente competição que causa, disciplinam até a fixação de preços pela maior empresa — assim como fazem para os salários. Isso faz ecoar clamores para liquidar a Curva de Phillips, o suposto *trade-off* entre a inflação e o desemprego, como tenho defendido desde 1978. (Até o próprio Phillips, um economista do Reino Unido, que extrapolou a curva a partir de dados insuficientes, nos anos 1950, não acreditava na Curva de Phillips.) Conseqüentemente, o NAIRU foi mudado para um nível mais baixo, de modo que as taxas de juros pudessem ser reduzidas e o crescimento econômico sustentável pudesse prosseguir, com maior emprego, dentro de um novo círculo virtuoso.

Tudo isso parece muito bom e é uma meia verdade, como um "modelo de fluxo de caixa" de mercado (por exemplo, o modelo monetarista convencional que compara a economia nacional a um siste-

76 ALÉM DA GLOBALIZAÇÃO

ma hidráulico). Porém, deixa de lado fatores estruturais, tais como o excesso de capacidade, a dívida e a necessidade de assegurar os bens públicos globais. A verdadeira "Nova Economia" que precisamos deve ser mais do que isso.

No Reino Unido, Roger Bootle apresenta o mesmo argumento em *A Morte da Inflação* (1996, 1997), mas com uma interpretação em uma escala maior de tempo, que vai além do simples monetarismo. A conclusão mais radical de Bootle é que as economias dos países ricos enfrentam um futuro de deflação. Os economistas alternativos chamariam isso de subconsumo e falta de poder aquisitivo entre os pobres (os quais gastariam e não poupariam dinheiro). É por isso que muitos, inclusive eu, James Robertson, Robert Theobald e outros recomendamos uma reforma tributária para incluir um "salário para cidadãos" ou receita garantida. Outras reformas necessárias abrangem a ampliação da propriedade do capital, idéia pioneira de Louis e Patricia Kelso, minha, de Jeff Gates, Shann Turnbull, Geneviève Vaughan e outros.

A maioria dos economistas ainda trabalha para bancos do setor privado, instituições financeiras, corporações ou agências governamentais. Eles defendem políticas para administrar recursos comuns globais (por exemplo, estoques de pesca oceânica e biodiversidade) baseadas na extensão dos direitos de propriedade. Eles se apóiam em seus obsoletos modelos de Ótimo de Pareto (que deixam de lado a distribuição desigual de riquezas, poder e informação). Os economistas propõem incluir os recursos comuns globais remanescentes aos "regimes de propriedade" para obter eficiência econômica, enquanto omitem, na verdade, que todos esses esquemas, inclusive as autorizações para poluir e comercialização de emissões, são essencialmente alocações políticas de recursos. Os futuristas e os teóricos de sistemas vêem os recursos globais comuns como sistemas fechados, que requerem regras ganha-ganha (vide Figura 3, "Diferentes Modelos de Mercados e Recursos Comuns Globais"). Hoje em dia, os economistas estão ocupados calculando o preço das florestas tropicais, da biodiversidade, mananciais etc., usando pesquisas de opinião sobre a

DA ECONOMIA PARA O PENSAMENTO SISTÊMICO   77

Figura 3
Diferentes Modelos de Mercados e Recursos Comuns Globais

Economistas	Futuristas/Visão Sistêmica
Mercados	**Sistemas Abertos**
Setor Privado • Decisões individuais • Competição • Mão invisível • Antitruste	• Recursos divisíveis • Regras ganha perde • (Regras de Adam Smith)
Recursos Comuns Globais	**Sistemas Fechados**
Setor Público • Propriedade de todos • Monopólio regulamentado • Consórcios	• Recursos indivisíveis • Regras ganha-ganha • Cooperação • Acordos

Nota: Deve-se lembrar que todos estes esquemas são, na melhor das hipóteses, aproximações e freqüentemente são culturalmente arbitrários.
Direitos Autorais 1988 Hazel Henderson

"disposição a pagar" para preservar esses recursos. Essa situação obriga cidadãos comuns a "apostarem" nesses recursos (sem benefício direto para eles) contra empreendedores comerciais que obteriam benefícios diretos. Esses "preços de contingência" absurdos derivados da "disposição a pagar" por recursos comuns globais são desanimadoramente imprecisos e drasticamente subavaliados. Seria suficiente calcular o valor cheio do trabalho desempenhado pelos sistemas naturais e seus custos de substituição. Porém esses recursos são muitas vezes insubstituíveis. Portanto, a tarefa vai além do equivalente em dinheiro e das habilidades dos economistas e requer equipes interdisciplinares e múltiplas métricas.[15]

Os Sinais da Mudança

Em janeiro de 1999, a visão do "Consenso de Washington" sobre nosso futuro econômico global estava se desintegrando. Aumentaram os pedidos para que os Estados Unidos liberassem a forte pressão que exerciam sobre o FMI e o Banco Mundial.[16] O Comitê Executivo das Nações Unidas para a Economia e Assuntos Sociais publicou um relatório de sua força-tarefa "Rumo a uma Nova Arquitetura Financeira Internacional". O relatório, que foi entregue à Cúpula do G8 em junho de 1999, declara: "Os eventos mundiais a partir de meados de 1997 e nos anos 1980 e 1990 deixaram claro que o atual sistema financeiro internacional não é capaz de salvaguardar a economia mundial das crises financeiras muito intensas e freqüentes e de efeitos reais devastadores." O relatório solicita ação imediata para implantar seis reformas inter-relacionadas:

- maior coerência das políticas macroeconômicas em nível global;
- reforma do FMI com o objetivo de proporcionar adequada liqüidez internacional em épocas de crise;
- a adoção de códigos de conduta, melhoria da informação, e supervisão financeira e regulamentação em níveis nacional e internacional;
- a preservação da autonomia das economias em desenvolvimento e em transição com relação aos assuntos de conta de capital;
- a incorporação de medidas de paralisação internacionalmente sancionadas no sistema internacional de empréstimos;
- uma rede de organizações regionais e sub-regionais para dar apoio à gestão monetária e assuntos financeiros.

Os movimentos civis para a remodelagem da economia mundial não ficaram muito impressionados. Entretanto agora os assuntos estão em pauta. Realmente, o relatório estabelecia que: "Devemos enfatizar que qualquer reforma do sistema financeiro internacional deveria ser baseada em uma ampla discussão, envolvendo todos os países, e uma clara agenda, que inclua todos os temas-chave. O processo de-

DA ECONOMIA PARA O PENSAMENTO SISTÊMICO   79

ve garantir que os interesses de todos os grupos das economias em desenvolvimento e em transição, inclusive os países pobres e pequenos, sejam adequadamente representados. As Nações Unidas como entidade universal e o fórum internacional mais democrático deve desempenhar um importante papel nessas discussões e no desenho do novo sistema".

Depois de muita resistência, o Grupo dos 7 anunciou em Bonn, Alemanha, no dia 20 de fevereiro de 1999, um novo fórum "para avaliar os problemas e vulnerabilidades que afetam o sistema financeiro global e para identificar e vigiar as ações necessárias para lidar com eles". Esse fórum, formado por trinta e cinco dos altos executivos financeiros dos países que compõem o G7, o Banco Mundial, o FMI, o Banco de Compensações Internacionais (BIS) e vários órgãos regulamentadores, se reunirá somente duas vezes por ano e sua única autoridade será a "pressão dos pares". Os países em desenvolvimento serão excluídos do fórum, enquanto que o Instituto de Estabilidade Financeira patrocinado pelo BIS poderá acrescentar suas próprias idéias. Essas abordagens internas, de cima para baixo, provavelmente não tratarão nenhum dos problemas globais fundamentais.

As necessidades das populações vão muito mais longe — com reformas de amplo alcance em todos os níveis como será descrito no Capítulo 3.

Notas

1. H. Henderson, *Paradigmas em Curso* (San Francisco: Berrett-Koehler, 1995); *Construindo um Mundo Onde Todos Ganhem: A Vida Depois da Guerra Econômica Global* (São Paulo, Ed. Cultrix, 1998); "Trezentos Anos de Óleo de Cobra", *As Políticas da Era Solar* (Garden City, NY, Anchor Press/Doubleday, 1981).

2. *Relatório do Desenvolvimento Humano*, Programa de Desenvolvimento das Nações Unidas (Nova York e Oxford: Oxford University Press, 1995).

3. Vide, por exemplo, H. Henderson, *Harvard Business Review*, julho-agosto de 1973; *Criando Futuros Alternativos* (Nova York, Putnam's Sons, 1978, reimpresso, e West Hartford, Conn.: Kumarian Press, 1996).

4. H. Henderson, *A Política na Era Solar*.

5. H. Daly e J. Cobb, *Rumo ao Bem Comum* (Boston: Beacon Press, 1989).

6. Vide "A Nova Metodologia de Cálculo do Produto Interno Bruto" do Governo dos Estados Unidos, Patrice Flynn, Ph.D., Flynn Research, Harper's Ferry, W.Va., fax: 304-535-9997.

7. H. Henderson, *Paradigmas em Curso*, pp. 261-72.

8. M. Reder, *Economia: A Cultura de uma Ciência Controversa* (Chicago, University of Chicago Press, 1999).

9. H. Henderson, *Construindo um Mundo em que Todos Ganhem*, Introdução e Cap. 1.

10. Y. Tandon, *A Globalização e as Opções da África* (International South Group Network, 1999).

11. "Fortunas que Mudam de Mãos", Unidos em pró de uma Economia Justa, Boston, 1999, com Prefácio de Lester Thurow e Juliet Schor.

12. Vide, por exemplo J. Epstein e R. Axtell, *Criando Sociedades Artificiais* (Washington, DC: Brookings Institution Press, 1996), o Projeto 2050 do Instituto Brookings, Instituto de Santa Fé e Instituto de Recursos Mundiais, e R. Pryor *et al.*, "O Modelo de Aspen", Sandia National Labs, Novo México. Vide também, P. Ormerod, *Economia de Borboletas* (Londres, Faber & Faber, 1998), o qual considera os modelos econômicos até o ponto em que podem chegar.

13. A Universidade das Nações Unidas foi pioneira nesse trabalho. Por exemplo, Os Anais de seu Simpósio de Montpelier, França, 1984. *A Ciência e a Práxis da Complexidade* (Tóquio: Universidade das Nações Unidas, 1984).

14. "Debatendo a Nova Economia: Os Críticos Acham Novos Furos nos Dados", Business Week, 12 de julho de 1999, p. 26.

15. Vide, por exemplo, os indicadores alternativos nacionais do NEF e os *Indicadores da Qualidade de Vida de Calvert-Henderson* que logo estarão disponíveis no website www.calvertgroup.org.

16. *Time*, 4 de outubro de 1999, p. 60.

3
Além da Globalização

A visão geral sobre globalização apresentada no Capítulo 1 esclarece as mudanças ocorridas na economia mundial que tornaram obsoletas muitas estruturas, políticas e teorias econômicas atuais. Essas mudanças globais estão se acelerando como resultado de interligações ainda mais estreitas do novo mercado mundial baseado na informação em rede. Para mapear essas mudanças não só são necessárias muitas perspectivas e métricas disciplinares, como indicado no Capítulo 2, como também é necessário que haja feedback das populações atingidas, sendo seus defensores, agora, essenciais. Kamal Malhotra, da Enfoque sobre o Sul Global (Focus on the Global South) afirma que a agenda da reforma centrada nas pessoas pode ser resumida em três "subordinações":

- subordinação das metas de política macroeconômica a metas de políticas de desenvolvimento humano e social,
- subordinação dos mecanismos de governança em nível global aos de nível local, nacional e regional, seguindo os princípios de subsidiariedade,
- subordinação da economia de especulação financeira à economia produtiva real.

82 ALÉM DA GLOBALIZAÇÃO

A ampla participação pública de cidadãos, trabalhadores, pessoas pobres e grupos marginalizados é o requisito para remodelar a economia global. O sucesso da campanha contra o Acordo Multilateral sobre Investimentos (AMI) levou a uma reação contra os processos mais abertos de negociação. Martin Wolf, escrevendo no *Financial Times*, afirma que "são exageradas as reivindicações das ONGs de representar a sociedade civil como um todo e, como tal, ter legitimidade semelhante — talvez até maior — à dos governos eleitos". Esses argumentos supergeneralizam, além de ignorarem as funções atuais dos grupos de pressão nas democracias modernas, descritas por Mancur Olsen em *A Lógica da Ação Coletiva* (1965)[1], que podem defender os interesses de empresas, lobistas, sindicatos, ambientalistas ou grupos que se opõem ao AMI.

Mas ao contrário de muitos políticos, experts e opiniões elitistas, essa contribuição dos cidadãos é uma forma essencial de especialização. De 1974 a 1980, ajudei a demonstrar o valor do conhecimento ao lançar programas de participação pública na definição de políticas em ciência e tecnologia, no US Office of Technology Assessment (Departamento Norte-Americano de Avaliação de Tecnologia).

Ganhou-se muita experiência com as contribuições bem-sucedidas da sociedade civil. As Organizações da Sociedade Civil (OSC), às vezes ainda denominadas de Organizações Não-Governamentais (ONGs)[2], também se tornaram globais. Elas incorporaram a experiência de uma ampla variedade de novos experts, sub-representados na ciência convencional. Esses grupos de cidadãos logo aprenderam que a abordagem de questões puramente locais de forma fragmentada com muita freqüência os deixava parcialmente cegos para as poderosas corporações globais e parceiros financeiros. Eles se uniam para as reuniões de cúpula da ONU com temas sob a agenda de "Nós, os povos da Terra": alimentação, moradia, ambiente, pobreza, desemprego, exclusão social, direitos humanos e desenvolvimento humano eqüitativo e ecologicamente sustentável. As OSCs obtiveram sucesso em campanhas para reformar o Banco Mundial, bloquear o AMI e forçar a questão do cancelamento da dívida na agenda internacional — e muitas vitórias

ALÉM DA GLOBALIZAÇÃO   83

em lutas locais. Hoje, todas as economias reconhecem os voluntários das OSCs e da sociedade civil como um "novo setor". Na verdade, no impulso para reformar a economia global e reformular suas instituições, a sociedade civil é a principal fonte de inovação social.[3] Dessa forma, com nossa experiência local, bom senso e a abordagem sistêmica, podemos rever os sete níveis do sistema, desde o global ao local. Podemos identificar muitas das novas políticas, programas, intervenções sociais, e inovações com mais probabilidade de reformular uma economia global alinhada com os princípios de justiça, democracia, desenvolvimento humano e sustentabilidade ecológica.

Os termos "global", "globalização" e "mundial" baseiam-se em perspectivas antropocêntricas (centradas no humano). Eles não incluem as perspectivas do planeta Terra (como vista a partir do espaço), nem aquelas de todas as formas de vida com as quais os seres humanos compartilham a biosfera planetária. Por outro lado, "planetário" é um termo ecológico envolvendo sistemas naturais que fornecem suporte à vida da humanidade. Os relacionamentos entre este metassistema planetário e os subsistemas da humanidade são insustentáveis em todos os níveis. O redesign desses sistemas humanos, instituições e processos é um pré-requisito de todos os esforços para reequilibrar nossas sociedades no sentido de desenvolvimento humano eqüitativo ecologicamente sustentável. A população (somos agora seis bilhões de pessoas na família humana) é a questão principal, já que os seres humanos consomem atualmente cerca de 40% de toda biomassa fotossintetizada produzida em nosso planeta. Tal taxa de consumo médio não pode continuar — sob pena de elevar taxas de extinção de outras espécies, desertificação, mudanças climáticas e redução da camada de ozônio. Contudo, essas médias escondem a polarização do consumo humano — com distâncias cada vez maiores entre ricos e pobres, conforme discutido no Capítulo 1, entre povos e países ricos, da sociedade de informação/industriais e aqueles ignorados pelas redes de tecnologia, informação e finanças, que continuam a se globalizar. Este o motivo pelo qual a divisão eqüitativa dos recursos da Terra é outro ponto-chave para a sustentabilidade ecológica.

84 ALÉM DA GLOBALIZAÇÃO

Portanto, a reformulação da economia global também requer a inclusão, em todos os níveis, do feedback que falta da natureza, do nível planetário e dos ecossistemas locais, bem como dos seres humanos marginalizados pelas formas atuais de globalização desenfreada. Muitos defensores da "ecologia profunda" e da auto-sustentabilidade local já argüiram pela rejeição e desmonte de tecnologias de grande escala, desde centrais geradoras de eletricidade até TVs. Infelizmente, essas campanhas, embora contenham em si muita verdade e muitas alternativas possíveis, não podem mais ignorar as realidades dos satélites que contornam o globo, jatos, TV e comercialização de moeda computadorizada, sem mencionar os mísseis teleguiados, as armas nucleares e os resíduos de plutônio das fábricas de energia nuclear. Rejeitar a globalização com base nessas tecnologias poderosas não é o bastante — e nem é uma coisa factível. É difícil imaginar como a TV, os videos games, os computadores ou os satélites que transferem o conteúdo desses artefatos possam ser afastados. Ao contrário, a tarefa colossal de nossa geração é domar essas tecnologias e regulá-las — em todos os níveis, do global ao local — para que sirvam a novas metas e propósitos de um desenvolvimento humano eqüitativo e ecologicamente sustentável. Hoje, existem cidadãos conscientizados, motivados e capacitados para assumir esses desafios em todos os níveis na maioria dos

---

PARA REFORMULAR A ECONOMIA GLOBAL

Nível Um:	*O Sistema Global*, as sociedades humanas além das fronteiras das nações e seus efeitos sobre os ecossistemas planetários
Nível Dois:	*O Sistema Internacional*, inclusive tratados, contratos e acordos entre nações — além do sistema Westphalia.
Nível Três:	*A Nação-Estado*, soberania e domínios econômicos internos.
Nível Quatro:	*O Sistema Corporativo*, corporações globais, objetivos sociais e governança.
Nível Cinco:	*Os Sistemas Provinciais e Locais*, pequenos negócios, governos locais, organizações comunitárias.
Nível Seis:	*A Sociedade Civil*, voluntários, grupos sem fins lucrativos, os setores civis desde o local ao global.
Nível Sete:	*A Família e o Indivíduo*, padrões de cultura, organização e comportamento.

ALÉM DA GLOBALIZAÇÃO 85

países. As tarefas incluem o planejamento, em todos os níveis, de dimensões adicionais à globalização, inclusive indicadores mais exatos; monitoração e feedback global; padrões mais elevados; critérios; leis melhores; regulamentos e códigos de conduta e de princípios — abarcando direitos humanos, eqüidade, e Ética da Terra.[4] Tudo isso deve incorporar uma ciência e informação melhores, baseadas no novo conhecimento biológico de nosso relacionamento com a natureza. A análise em todos os níveis deve basear-se em uma nova compreensão evolutiva: de que está em jogo nada menos do que a sobrevivência humana. Como ouvi do vencedor do prêmio Nobel, Jonas Salk, antes de morrer: "Nós somos a primeira geração na história da humanidade em que grandes números de pessoas comuns estão assumindo responsabilidade pessoal pelo futuro de toda a espécie."

Nível Um: O Sistema Global
Governança Global

Como descrito no Capítulo 1, a aceleração da globalização com a conseqüente falta de legislação e privatização das finanças, mercados e comércio eletrônico levam, com freqüência, a fluxos destrutivos, desordenando as sociedades locais, culturas e ecossistemas em todo o planeta. Muito da tecnologia sobre a qual esta economia globalizada se apóia deriva das pesquisas e desenvolvimento militar da Guerra Fria. Os imensos orçamentos de "defesa" (liderados pelos EUA) em muitos países industriais e em desenvolvimento ainda se baseiam na premissa de nações-estado concorrentes, surgida inicialmente na Europa, em 1642, com o Tratado de Westphalia. Cada nação defende a sua soberania, tornando a cooperação difícil. Neste século, foram necessárias duas guerras mundiais devastadoras, o fracasso da Liga das Nações e a depressão mundial para criar a ONU, em 1945. Os acordos de Bretton Woods, em 1944, criaram o Banco Mundial e o FMI, bem como o Tratado Geral sobre Comércio e Tarifas (GATT), uma versão limitada de uma organização de comércio mais

86 ALÉM DA GLOBALIZAÇÃO

ampla, tudo sob oposição dos EUA. O propósito destas instituições de Bretton Woods era o de evitar as políticas econômicas nacionais competitivas e uma repetição da depressão dos anos 30. Além disso, as taxas de câmbio seriam fixas — relacionadas ao padrão ouro e vigiadas pelo FMI, juntamente com a balança de pagamentos de déficits e superávits relativos das contas de comércio e capital dos países. Os comitês de membros do FMI (dominados pelos EUA e outros países ricos) administrariam suas políticas, emprestando a prazos, juros e outras condições específicas aos países necessitados de assistência financeira. O Banco Mundial, oficialmente chamado ainda de Banco Internacional de Reconstrução e Desenvolvimento (BIRD), foi criado mais para reconstruir a Europa destruída. Após um século dos mais sangrentos, com perdas de vidas estimadas em centenas de milhões de pessoas no mundo todo, a cooperação é hoje aceita como vital no nosso novo e interdependente mundo.

Os Comuns Globais

A primeira tarefa é cuidar das novas ameaças e dilemas e conservar nossos recursos planetários, que estão acima das jurisdições das nações e acordos, tratados e instituições internacionais atuais. As corporações, bancos, especuladores, organizações científicas, profissionais e acadêmicas, o comércio eletrônico, a mídia de massas, inclusive a Internet, os mercenários, vendedores de armas, a Máfia, as agências de assistência humanitária sem fins lucrativos, e as OSCs de voluntários, todos movimentam-se e dependem deste domínio global, amplamente desregulamentado. Freqüentemente mencionados como "comuns globais" (*global commons*), seus domínios incluem os oceanos, o fundo do mar, a atmosfera, o espaço, a Antártida, a biodiversidade do planeta (nas florestas e ecossistemas naturais), bem como o espectro eletromagnético da Terra (ondas de rádio que transportam a comunicação eletrônica). São abundantes os debates legais e constitucionais em torno da ampliação da lei internacional a todos esses domínios não

ALÉM DA GLOBALIZAÇÃO 87

regulamentados. Na obra *Lei em uma Aldeia Global Emergente* (*Law in an Emerging Global Village*, 1998), Richard Falk, da Princeton University, vê "a civilização global emergente tomando forma diante da tensão entre forças de globalização de mercado dirigidas e as forças de resistência acionadas pelas pessoas, conforme exibido pelos movimentos transnacionais para proteger o ambiente, promover os direitos humanos e desafiar a opressão sobre as mulheres e... povos indígenas."[5]

Afirmei (1996) que os mais novos comuns globais são a Internet e a Rede Mundial de Comunicação (World Wide Web) assim como os mercados financeiros eletrônicos globais de hoje (já que todos usam o espectro eletromagnético da Terra e o novo domínio público do espaço cibernético). Todos são amplamente não-regulamentados e com uma enorme quantidade de questões não-resolvidas sobre sua utilização. Por exemplo, os códigos de protocolo e linguagem da Internet ainda são informais e controlados por alguns dos primeiros inovadores e programadores que servem como voluntários em comitês adhoc. E pior, embora a Internet amplie o acesso à informação, também está sendo rapidamente comercializada e está sendo assolada por fraudes, criminalidade e pornografia. Existe pouco suporte legal para este recurso comum financiado por dólares de impostos e atualmente sobrecarregada por aproveitadores fortuitos, que se aproveitam do seus status de isenção fiscal. A confusão nos EUA relacionada a nomes de domínios da Internet entre a lucrativa Network Solution, Inc. (NSI) que, surpreendentemente, recebeu esta valiosa franquia de propriedade ou de nomes de domínio, e a nova ICANN (Internet Corporation for Assigned Names and Numbers), sem fins lucrativos, vai para os tribunais. Nos próximos anos, será necessário algum tipo de "Agência Internacional de Supervisão e Padrões da Internet" (*International Internet Standards and Oversight Agency*) para lidar com todas essas questões comuns e fazer interface com as agências já estabelecidas, como a Organização da Propriedade Intelectual Mundial (WIPO) e a União de Telecomunicações Internacionais (ITU). A União Européia levou os EUA a um raciocínio sistêmico sobre a regularização e tributação do comércio eletrônico.

88 ALÉM DA GLOBALIZAÇÃO

Foram feitas outras abordagens para imaginar novas regras legais e coletivas no sentido de governar e gerenciar os comuns globais. Um apanhado geral útil da evolução dessa governança é feito por Susan J. Buck, da University of North Carolina, em *Os Comuns Globais: Uma Introdução* (*The Global Commons: An Introduction*, 1990). Buck inclui uma lista de seis tratados dos anos 50 (sobre poluição dos oceanos, direitos da pesca, as plataformas continentais e a Antártica); cinco nos anos 60 (cobrindo o espaço exterior, a responsabilidade civil e a fauna da Antártida); quatorze nos anos 70 (cobrindo a poluição das águas, e também o comércio das espécies ameaçadas, a descarga de tóxicos e resíduos, a poluição do ar, a conservação da vida animal e animais migratórios e a Lua); dez nos anos 80 (a maioria cobrindo a poluição transfronteiras bem como a diminuição da camada de ozônio, celebrado em Montreal, 1987). Durante os anos 90, A Reunião de Cúpula das Nações Unidas sobre a Terra, no Rio de Janeiro, produziu a Convenção sobre a Biodiversidade e a Convenção Estrutural sobre Mudanças do Clima. A Agenda 21, um abrangente conjunto de planos de ação e metas, foi assinada por mais de 170 governos, no Rio. Se implementada, a Agenda 21 poderia mudar substancialmente muitos países do mundo no sentido de rotas para um desenvolvimento sustentável. No entanto, o progresso tem sido lento, conforme informado pelo relatório da Comissão da ONU sobre Desenvolvimento Sustentável, na reunião "Rio + 5" da Assembléia Geral da ONU realizada em Nova York, em 1997.

Toda esta atividade de formulação de tratados tem dado forma à governança global, bem para além da Carta das Nações Unidas de 1945, assinada por cinqüenta e uma nações. Essa Carta abordou conflitos entre estados, manutenção da paz, direitos humanos e bem-estar social e econômico. O principal corpo executivo da ONU, o Conselho de Segurança (manutenção da paz) ficou paralisado pelas rivalidades da Guerra Fria entre dois de seus membros permanentes com direito a veto, os EUA e a URSS. O Conselho Econômico e Social (ECOSOC) supostamente devia controlar tais poderes executivos, mas enfraqueceu-se devido à sua ampliação para cinqüenta e quatro

ALÉM DA GLOBALIZAÇÃO **89**

membros, numa tentativa de superar os extensos desacordos sobre metas e políticas culturais, sociais e econômicas. Muitos, agora, propõem um papel mais forte para o ECOSOC na monitoração dos impactos sociais do sistema financeiro global. O Trusteeship Council, o terceiro corpo executivo, necessita de um novo papel, uma vez que poucos territórios permanecem sob sua "curadoria", tendo se transformado em novas nações — engrossando a associação à ONU, que hoje engloba 187 países.

Nos cinqüenta e quatro anos de história da ONU, muitos progressos foram alcançados em termos de governança global. Com um orçamento anual inferior ao do departamento municipal de combate ao fogo da Cidade de Nova York, a ONU conseguiu atrair, trabalhar globalmente e reunir seus estados membros para que concordassem sobre uma grande gama de questões globais. Isto conduziu a muitas agências operacionais, desde a ILO, UNICEF, UNDP até à UNESCO, FAO, WHO, UNEP e UNCTAD (respectivamente dedicadas às áreas do trabalho, criança, educação, ciência e cultura, alimentos e agricultura, saúde, meio ambiente, comércio e desenvolvimento — para esclarecimentos dos acrônimos, veja Gráfico 1: O Sistema da Organização das Nações Unidas). A ONU, com seus principais componentes, a Assembléia Geral de todos os estados membros, assim como sua Corte Internacional de Justiça e Declaração Universal dos Direitos Humanos, é a mais inclusiva, aberta e democrática das instituições globais. Devido em parte a esta estrutura democrática, os países ricos e poderosos e os interesses financeiros que dominam o FMI e o Grupo do Banco Mundial (inclusive a Associação de Desenvolvimento Internacional) e a Corporação de Financiamento Internacional, têm tentado afastar essas agências criadas pelo Bretton Woods do controle da ONU. Assim, hoje em dia, o Banco Mundial e o FMI atuam com freqüência secretamente e de maneira autônoma. A maioria das OSCs e relatórios sobre reforma e governança global está preocupada com a necessidade de essas agências retornarem ao controle da ONU. A organização sucessora do GATT (uma divisão da ONU) atualmente é uma Organização Mundial do Comércio (OMC) independente, estabelecida como um corpo in-

90 ALÉM DA GLOBALIZAÇÃO

tergovernamental desde 1995, mas amplamente dominada pelas agendas das corporações e do livre-mercado. É urgentemente necessário que haja uma OMC reformada e democratizada. Outras organizações operam sob o fogo cruzado dos interesses nacionais e do mercado, inclusive a batalha da ILO com a OMC sobre padrões de trabalho e direitos humanos. A UNEP está sob fogo, devido à sua monitoração ambiental bem-sucedida. A WHO agora combate os interesses dos setores privados sobre os direitos de assistência à saúde. E a UNESCO é atacada pela proteção dada à causa dos locais tombados como patrimônio da humanidade, desde os Banhos Romanos em Bath, Reino Unido, até o Grand Canyon nos Estados Unidos.

A Manutenção da Paz

As maiores tensões na ONU, porém, são, naturalmente, relativas à manutenção da paz. É nesse ponto que as questões de soberania nacional colidem com os direitos humanos universais no que se refere ao tratamento dos legisladores nacionais a seus próprios cidadãos, seja na Bósnia e Cosovo ou na Tchechênia e outras províncias que se separaram. Os poderosos, principalmente os EUA, usam a ONU quando coincide com seus interesses nacionais de curto prazo (como na Guerra do Golfo, em 1991, que o então Secretário de Estado dos EUA, James Baker, admitiu haver grandes interesses sobre o petróleo e empregos e também sobre a expulsão do Iraque do Kuwait) ou como "bode expiatório" para as falhas políticas dos EUA, como no caso da Somália. Durante o período de "lua-de-mel" dos EUA-ONU, após a Guerra o Golfo, a ONU era considerada pelo Presidente George Bush, dos EUA, como "peça central de uma nova ordem mundial". Depois da Somália e da Bósnia, a atmosfera esfriou; a ONU foi culpada (largamente pelos políticos isolacionistas dos EUA) pela falha dessas operações em promover a paz, que eram ordenadas pelo Conselho de Segurança sob o domínio dos EUA, mas sem o necessário financiamento de suporte. Essas ações infelizes, juntamen-

ALÉM DA GLOBALIZAÇÃO **91**

te com a retenção pelos EUA de cerca de um bilhão de dólares em vencimentos atrasados, precipitou a crise financeira atual e os pedidos de "reformas" pelos EUA.

O design, ainda incompleto, de uma força permanente da ONU devidamente treinada com pessoas especializadas na construção da paz, ilustra o atual conjunto de impasses do sistema Westphalia: entre membros de nações-estado da ONU e suas soberanias. Embora os membros tenham limitado sistematicamente ou bloqueado as abordagens coletivas da ONU para promover a paz via Conselho de Segurança (que não precisa ser expandido ou reformado), o caso de Cosovo e o bombardeio da OTAN na Iugoslávia demonstraram a continuação das ambivalências quanto à soberania. Passando sobre a lei internacional e a ONU (defesa da soberania nacional), os EUA reviveram a OTAN com o auxílio de um grupo de empreiteiros militares de corporações de peso e, junto com seus aliados da OTAN, atacaram a Iugoslávia sob o princípio de que a soberania deixava de ser absoluta quando havia opressão interna importante. Embora este princípio seja agora amplamente apoiado, suscitou muitas perguntas relativas à legitimidade da OTAN e a "missão infeliz" por ela realizada. Mudança semelhante à dos paradigmas de soberania mantém muitos líderes nacionais silenciosos ou em negativas sobre seus reais motivos de rendição da soberania aos mercados financeiros globais e à OMC. Talvez o modelo mais importante seja "O Processo de Ottawa", que resultou no Tratado para Banir Minas Terrestres, assinado por mais de 160 governos. Sob liderança das OSCs e do governo do Canadá, a campanha passou por cima da oposição dos EUA e o seu coordenador, Jody Williams, recebeu o Prêmio Nobel da Paz.

Nesse meio tempo, inúmeras propostas foram apresentadas para reformar o Conselho de Segurança da ONU e admitir novos membros, inclusive Japão, Alemanha, Brasil, Índia, África do Sul, bem como restringir o uso do veto. Essas propostas se enfraqueceram, juntamente com as propostas de rápido desdobramento de forças humanitárias e permanentes de manutenção da paz. Ao mesmo tempo, muitos orçamentos militares reassumiram sua espiral de crescimento

92 ALÉM DA GLOBALIZAÇÃO

— conduzidos pelos EUA e membros da OTAN. A comercialização global de armas ainda é apoiada pelas políticas de exportação dos países produtores, principalmente os cinco membros permanentes do Conselho de Segurança da ONU (EUA, Reino Unido, Rússia, França e China) bem como a Alemanha. Algumas propostas factíveis para abordar essas questões globais incluem uma Força de Impedimento Internacional (International Deterrent Force-IDF) sob o Artigo 43 da Carta da ONU, construída sob propostas similares, e que permitiria o treinamento de forças mantenedoras para ficarem de sobreaviso como um obstáculo mais confiável, antes da deflagração de conflitos. Essas idéias foram defendidas pelo Prêmio Nobel da Paz, John Polanyi (Canadá), pelo diplomata norte-americano aposentado, Joseph P. Lorenz, em *Paz, Poder e as Nações Unidas: Um Sistema de Segurança para o Século 21* (*Peace, Power and the United Nations: A Security System for the 21st. Century*, 1999), por Sir Brian Urquhart, do Reino Unido, em *Para uma Nações Unidas Mais Efetiva* (*Toward a More Effective United Nations*, 1992), pelo Secretário Geral da ONU, Boutros Boutros Ghali, e pela Comissão sobre Governança Global (1996), cujo relatório mais abrangente é mencionado no Capítulo 1.

Esses tipos de propostas existem para apoiar e amparar a diplomacia preventiva para fazer alarde em torno dos conflitos — e são financiadas pelas reduções nos orçamentos militares. As OSCs são participantes líderes nesse movimento global. Por exemplo, o movimento "Banimento 2000", realizado com grande assistência da rede Budista mundial Soka Gakkai, reuniu mais de 13 milhões de assinaturas para banir as armas nucleares. Os novos sistemas globais de gerenciamento de risco político são agora possíveis para tratar com os conflitos de hoje, na maioria internos, e o terrorismo, concentrados em torno do fortalecimento do Tribunal de Julgamento de Criminosos Internacionais. Embora o governo dos Estados Unidos o tenha, tolamente, enfraquecido, uma grande maioria de cidadãos norte-americanos (80%) aprova um Tribunal Criminal forte. Felizmente, seus casos também podem ser transmitidos por televisão antes do julgamento final da opinião mundial. Entrementes, a Corte Internacional

ALÉM DA GLOBALIZAÇÃO 93

de Justiça de Haia funcionou de maneira pioneira no indiciamento, prisão e processo de julgamento dos criminosos de guerra.

Podemos reduzir seguramente os orçamentos militares mundiais pelo emprego de segurança em vez de armas. Por exemplo, a Comissão Global para Financiamento das Nações Unidas (*Global Commission to Fund the United Nations*) apóia a proposta sobre a Agência de Segurança de Seguros das Nações Unidos (*United Nations Security Insurance Agency — UNSIA*), uma parceria pública-privada-cívica entre o Conselho de Segurança da ONU, o setor industrial de seguros e as centenas de organizações cívicas humanitárias no mundo todo engajadas na solução de conflitos e construção da paz.[6] Qualquer nação que deseje cortar seus orçamentos militares e reaplicar seus investimentos nos seus setores civis poderia dirigir-se à UNSIA para uma "apólice de seguro" na manutenção da paz. O setor industrial de seguros forneceria os assessores de risco político e redigiria as políticas. Os prêmios seriam divididos tanto para financiar mantenedores da paz apropriadamente treinados como uso rápido da rede on-line das organizações cívicas humanitárias existentes que visam construir fé e confiança. A proposta da UNSIA é agora apoiada por vários vencedores do Nobel da Paz, inclusive pelo Dr. Oscar Arias e outros líderes, e é ensinada na Escola de Economia de Londres, no Instituto Holandês de Estudos Sociais e em outras importantes instituições. O conceito da UNSIA foi debatido no Conselho de Segurança da ONU em abril de 1996, e foi a primeira vez que uma organização desse gênero considerou a necessidade de colocar as organizações cívicas humanitárias nas operações de paz. Em maio de 1996, o Conselho de Segurança convocou o Secretário Geral para investigar a viabilidade de uma "rápida aplicação da força humanitária" e, em outubro de 1996, o governo norueguês pleiteou um milhão de dólares para este projeto. A ONU atualmente tem um novo Fundo de Prevenção para fortalecer o poder da diplomacia preventiva da Secretaria Geral.

Certamente, os papéis intervencionistas do humanitarismo e dos mantenedores da paz da ONU, a Corte Internacional de Justiça e a Corte Criminal precisam ser fortalecidos — juntamente com esforços regionais e promoção contínua, por parte das OSCs, visando uma cultura de paz em todos os níveis, mundialmente. O mundo não pode mais confiar nos tipos de operações ad-hoc para manutenção de paz financiadas pelo "passa chapéu" dos fins dos anos 90, que trouxeram descrédito ao Conselho de Segurança, aos estados membros e à própria ONU. A compreensão de que a soberania nacional é limitada e que nem sempre é favorecida pelos meios militares aumentou, enquanto, ao mesmo tempo, continua a busca pelos tratados de desarmamento e de redução das armas nucleares e outras. Os conceitos largamente aceitos de segurança econômica, social e ambiental estão exigindo agora novas estruturas visando a que se considere esse bem-estar humano melhorado como "bens públicos". A produção desses "bens públicos" envolve o fato de que a soberania nacional seja compartilhada ou condicionada em conjunto.

Bens Públicos Globais

Uma das mais importantes estruturas para lidar com a segurança coletiva e pessoal dos povos consiste na produção cooperativa desses "bens públicos" por todas as nações. Esses conceitos são ditados em *Bens Públicos Globais: Cooperação Internacional no Século 21* (*Global Public Goods: International Cooperation in the 21st Century*, 1999), editado por Inge Kaul, Isabelle Grunberg e Mark A. Stern (Oxford University Press). Normalmente, os economistas pensam sobre os "bens públicos" em nível nacional e municipal, como educação, saúde, infra-estrutura, parques nacionais, defesa e segurança (por exemplo, sistemas de justiça e policial). Em "Bens Públicos Globais", conceitos mais inovadores catalogam mais amplamente o menu desses bens e serviços financiados e produzidos coletivamente e que hoje são necessários para o desenvolvimento, sobrevivência e segurança humana globalmente. A definição de bens públicos globais inclui aqueles cujos benefícios se estendem para além de fronteiras, gerações e grupos populacionais e, mais ainda, que vão para além da defesa, saúde e educação, inclusive a paz, a eqüidade, a estabilidade financeira e a sustentabilidade ambiental.

Os bens públicos, como sabemos, usualmente são fornecidos de maneira precária. Como os mercados freqüentemente falham, os meios para produzi-los precisam ser organizados e criados como novos "mercados", em parceria com os contribuintes, autoridades locais e governos nacionais. Tudo isto requer títulos municipais e empréstimos públicos para obras e investimentos públicos. Essas atividades também criam atividade econômica, empregos e déficits — assim como gastos militares, produção do setor privado, investimentos, exportações, importações e assim por diante. O grande problema com os bens públicos diz respeito aos "caronas ou passageiros gratuitos", as pessoas ou companhias que acabam utilizando esses bens sem pagarem a parte que lhes cabe dos seus custos. Esses bens públicos como parques, educação, e serviços públicos como saúde, policiamento e proteção contra incêndio são todos em bases não excludentes e são denominados de "externalidades positivas" pelos economistas. As externalidades negativas incluem poluição, espécies ameaçadas de extinção, produtos perigosos, doenças devido ao uso de tabaco, mudanças climáticas e dióxido de carbono causado pela combustão de combustível fóssil.

Até agora, todas essas "externalidades negativas", provocadas pelas falhas dos mercados e políticas de preços de custos muito baixos, foram tratadas em nível global pela passagem lenta e gradativa dos regulamentos, leis e tratados mencionados anteriormente. Contudo, com os bens públicos ficou demonstrado em quase todos os setores, desde a assistência à saúde e educação até segurança nacional e defesa militar, que a prevenção custa muito menos do que simplesmente lutar com os problemas depois de ocorridos. A diplomacia é muito mais barata do que a guerra; o meio ambiente limpo e as medidas de saúde pública são mais baratas do que o tratamento da asma, o envenenamento dos alimentos e as epidemias. Os padrões, regras e regulamentos podem demorar um longo tempo para dirigir os mercados a estabelecerem democraticamente propósitos públicos e metas. Mas serão necessários novos níveis

96 ALÉM DA GLOBALIZAÇÃO

de cooperação global entre governos, parceiros do setor privado e OSCs para fornecer proativamente os novos bens públicos globais essenciais. Tomando como base o trabalho de analistas de políticas e economistas criativos, os contribuintes do "Bens Públicos Globais" cobrem seus inúmeros aspectos e setores que requerem essa reorganização do esforço cívico-privado-público. O Editor Inge Kaul observa que "São necessários ajustes de políticas para tornar 'malefícios' públicos globais (poluição etc.) em bens públicos globais. Evidentemente, a linha divisória entre negócios internos e externos tornou-se tênue, a cooperação internacional deve fazer parte integral da formação de política nacional — e deve ser uma proposta justa para todos, se quisermos que tenha sucesso".[7] Esta também é a abordagem de teoria dos jogos que adotei em *Construindo um Mundo Onde Todos Ganhem* (1996, 1997).

Um primeiro passo a ser dado é que todas as nações estabeleçam perfis de externalidade (isto é, "respingos" para além fronteiras do que produzem de bom e de ruim). Esses perfis nacionais podem facilitar barganhas realistas entre as nações. À semelhança da análise do impacto ambiental[8] (*ecological footprint*), a transparência maior desses fluxos de benefícios e impactos adversos entre os países pode guiar todos os políticos, homens de negócio e OSCs interessados a pactuar políticas mutuamente passíveis de acordo. Entre os exemplos, temos os acordos conjuntos de implementação, como aqueles que surgiram das conferências sobre mudanças climáticas realizadas em Kyoto (1997) e em Buenos Aires (1998). Ainda são necessárias muitas negociações difíceis sobre as novas abordagens de eqüidade entre a OECD e os países em desenvolvimento, como as estratégias de convergência promovidas pelo Instituto de Comuns Globais (*The Global Commons Institute*), do Reino Unido, as negociações sobre emissões de carbono e acionamento de leilões — (concedendo direitos de poluição às companhias); as funções do Mecanismo de Desenvolvimento Limpo; e a formação dos Estabelecimentos Ambientais propostos pelo Banco Internacional (um formato mais democrático e transparente do FMI "verde").[9]

ALÉM DA GLOBALIZAÇÃO   97

Muitos parceiros, agora, "falam a mesma língua", devido às reuniões que a ONU vem fazendo com todos eles, desde a reunião do Rio, em 1992. A maioria dos cientistas do mundo todo afirma que está ocorrendo mudança no clima provocada pelo homem. Agora, a retaguarda dos setores industriais de combustíveis fósseis e as nações precisam enfrentar a verdade. Em 1998, a violência do clima (um efeito bem documentado de mudança climática) custou ao setor de seguros do mundo a quantia recorde de US$ 89 bilhões — mais do que todas as catástrofes atmosféricas em toda a década de 80, de acordo com Munich Re, o maior segurador do mundo. Essa externalidade negativa dos setores de combustíveis fósseis, transporte, geração de energia e outros já ilustram o absurdo dos governos continuarem a subsidiar essas indústrias — inclusive a de energia nuclear — até quantias de US$ 750 bilhões a US$ 1 trilhão por ano. O simples fato de remover esses subsídios daria amplamente para cobrir o valor estimado de US$ 650 bilhões da Agenda 21, a fim de mudar para formas mais sustentáveis de produção, bens e serviços. Da mesma forma, no aspecto fiscal, os países poderiam encarar melhor os problemas dos paraísos fiscais, a evasão de capital e a lavagem de dinheiro. A OMC poderia rever as políticas de impostos nacionais em toda extensão desses subsídios insustentáveis, bem como os governos que "atraem" relocações de corporações com "festas" fiscais. O AMI poderia examinar as responsabilidades sociais dos investidores, e não apenas seus direitos.

O "Bens Públicos Globais" informa sobre muitos setores em que se podem fazer acordos e progresso. No nível mais alto, encontramos os "intercâmbios de externalidades" entre países, que poderiam ser convocados por organizações da ONU, desde a ECOSOC e UNCTAD à UNEP, ILO, WHO e UNESCO. Um exemplo é o trabalho da WHO envolvendo companhias farmacêuticas a respeito da necessidade de fornecer milhões de doses de vacinas simples. A WHO propôs um Fundo de Vacinas do Milênio (*Millennium Vaccine Fund*) para enfrentar doenças como a malária e outras doenças tropicais e vigilância epidemiológica global. Nos países pobres, a prevenção pode economizar

98 ALÉM DA GLOBALIZAÇÃO

bilhões em custos de saúde, perda de produção, e assim por diante e, com os acordos globais corretos, também pode ser lucrativa para as companhias farmacêuticas. Até mesmo o antigo economista de Harvard partidário do "tratamento de choque", Jeffrey Sachs, promove agora esses programas, depois de testemunhar o desastre causado pelas políticas de "livre-mercado" na Rússia e a falha das prescrições do FMI para as crises econômicas asiáticas. Hoje, Sachs é consultor da UNDP e da WHO e também usa a estrutura de bens públicos globais para examinar a assistência ao desenvolvimento internacional.[10] Ele enfatiza a necessidade de abordagens regionais para a saúde pública, proteção ambiental, telecomunicações e estabilização e regulamentos para o mercado financeiro. O economista e Prêmio Nobel, Amartya Sen, trata a justiça global como um bem público; Ismail Serageldin, do Banco Mundial, vê a preservação das cidades históricas como um "bem cultural público"; Joseph Stiglitz, economista-chefe do Banco Mundial e ex-Presidente do Conselho de Consultores Econômicos dos EUA (*US Council of Economic Advisors*), admite alguns dos erros de sua profissão e o Banco Mundial, agora, promove os bens públicos globais, principalmente o conhecimento. H. Habib Sy e Debora L. Span cobrem como bens públicos, respectivamente, as comunicações globais, a Internet e o espaço cibernético, enquanto que David Hamburg, Jane E. Holl e Ruben P. Mendez analisam a prevenção de conflitos fatais e a paz como bens públicos.

Nível Dois: O Sistema Internacional
Necessidade: Novas Regras de Comércio

Uma coisa se aprendeu com o cabo-de-guerra entre governo e parceiros de mercado das décadas passadas: os mercados precisam de regras. Ao contrário do que dizem os livros-texto de economia sobre polarização dos mercados versus regulamentação, eles são os dois lados de uma mesma moeda. As democracias usam duas formas de feedback das pessoas e dos tomadores de decisão para determinar políti-

ALÉM DA GLOBALIZAÇÃO 99

cas: preços do mercado e votos. Mas os preços precisam ser corretos (inclusive custos sociais e ambientais) e os votos precisam ser incorruptíveis pelo dinheiro. Mesmo os ideólogos do livre-mercado reconhecem que os mercados "livres" confiam nos regulamentos governamentais. A mão invisível é nossa, e não dos deuses. Os mercados exigem direitos de propriedade, contratos, leis nacionais e internacionais, regras contábeis e divulgação, fiscalização, polícia, tribunais, coleta de impostos confiável (para infra-estrutura, saúde, educação e outros serviços públicos) e valores cívicos. Remova essas instituições sociais e os mercados caem no caos, na criminalidade, na violência e na Máfia. Contudo, a crença do *laissez-faire* de que os mercados se autocorrigem é difícil de morrer.

O estabelecimento de regras em nível nacional foi acelerado pelos acordos de comércio internacional administrados pela OMC em nome de seus 132 membros. A direção da chamada "Rodada do Milênio" de conversas sobre o comércio constitui-se, portanto, em um marco decisivo para o futuro da economia global. As agendas dos negociadores de comércio são tão longas e tão controversas como sempre. Os antigos gigantes, como a agricultura e os têxteis, são colocados automaticamente junto com as revisões "ocultas" dos itens importantes como direitos de propriedade intelectual e barreiras técnicas ao comércio. Mas também disputam seus lugares nas agendas as questões que, embora sempre discutidas desde que o GATT foi lançado, há meio século, adquiriram agora uma nova urgência. Entre essas, uma série de questões sociais e ambientais.

Essas questões estavam certamente às vistas dos fundadores do GATT, mas foram sendo deixadas de lado durante as várias rodadas de negociações, particularmente pelos EUA e por alguns dos principais países em desenvolvimento. Conseqüentemente, o GATT concentrou-se mais estreitamente em tarifas e barreiras alfandegárias ao comércio e repassou a consideração desses outros itens para outros departamentos da ONU como a ILO, UNEP e UNCTAD.

A reemergência dessas questões está relacionada com a evolução do regime de comércio internacional. A OMC, num processo inicia-

100 ALÉM DA GLOBALIZAÇÃO

do na Rodada do Uruguai, está gradualmente mudando da abordagem mais simples, que se detinha nas fronteiras nacionais, para uma interpretação de comércio que abrange regulamentos internos. Um exemplo foi a decisão da OMC contra a interdição, pela União Européia, da carne contendo hormônios do crescimento.

O mecanismo de acordos sobre disputas está chegando inevitavelmente a uma sucessão de decisões controversas sobre questões sociais e ambientais que abordam desde bananas até peles de animais apanhados em armadilhas, milho cultivado com sistemas de engenharia genética ou camarões e tartarugas. Cada decisão induz a buscas profundas sobre as restrições constitucionais da OMC e seus antecedentes. Desde o estabelecimento da OMC, houve uma grande onda de preocupação pública sobre os efeitos da globalização e liberalização sobre o meio ambiente e as pessoas, em particular nos países em desenvolvimento.

Como Bernard Gray escreveu no *Financial Times*, em 3 de fevereiro de 1998: "A batalha do comércio no novo mundo não será sobre tarifas ou outras restrições do mercado. Será sobre regulamentos... À medida que caem as fronteiras na economia mundial, as repercussões decorrentes de regulamentos fracos e inadequados tornam-se mais imediatas e com mais probabilidade de cruzarem as fronteiras nacionais".

No coração do sistema de comércio multilateral há um princípio de não-discriminação. Um corolário deste princípio, estabelecido desde o início, foi o tratamento igualitário, pelos governos, dos produtos importados ou domésticos. Esta exigência de tratar produtos semelhantes "como produtos iguais", porém, pode se ampliar para a prática de discriminar entre produtos iguais com base em como foram produzidos. Essa discriminação entre produtos com base em como foram produzidos é fundamental para a melhoria da segurança social e ambiental.

A OMC pensou em reduzir as políticas sociais e ambientais para nível nacional que, como são consideradas, distorcem o comércio. Deve-se adotar a abordagem oposta — promovendo padrões de comércio que não sejam subsidiados pela exploração, poluição e nem com preços abaixo do custo total. Esse seguramente é o significado da não-

ALÉM DA GLOBALIZAÇÃO 101

discriminação, como entendido por aqueles que sofrem os efeitos da discriminação.

Já há um conjunto de padrões globais, como os das convenções da ILO sobre tratados de direitos humanos e emprego e o Protocolo de Montreal sobre CFCs, que devem formar a base dos padrões comuns e protocolos de ação nacional.

Existem legislações de trabalho nacionais em muitos países. Na verdade, freqüentemente elas refletem exatamente o que se necessita, baseando-se em padrões internacionais e na tradição e valores nacionais e locais. O problema, muitas vezes, é que esta legislação não é aplicada, por razões que variam desde a falta de capacidade e competência até à corrupção, quer nos departamentos encarregados da inspeção ou nos tribunais. Este, naturalmente, é um problema global. Avalia-se que há mais de um milhão de pessoas em Los Angeles trabalhando em condições muito abaixo dos padrões legais de saúde e segurança, mas as autoridades simplesmente não se interessam nem têm intenção de agir.

Há também uma série crescente de padrões ambientais e sociais voluntários — cobrindo desde o bem-estar da vida animal, comércio justo e direitos humanos até à agricultura orgânica. Estes também atraíram os governos e estão, perversamente, na linha de fogo da OMC como uma barreira ao comércio. A União Européia para Rotulagem Ecológica (*European Union Eco-Label*) foi desafiada e está sob a mira da Coalizão pela Verdade de Informações em Marketing Ambiental (*Coalition for Truth in Environmental Marketing Information*), sediada nos EUA. Esta representa corporações com US$ 900 bilhões de vendas mundiais e se opõe diretamente aos esquemas nacional e internacional de "selos verdes" (*eco-label*).

Não podemos esperar que todas as companhias adotem esses códigos sem que se preparem. As companhias que operam nos mercados éticos especializados, como o do comércio justo de café (*fair trade coffee*), foram as pioneiras nesse tipo de desenvolvimento. Contudo, muitas companhias não usam a mesma bússola moral. As pressões de mercado não necessariamente trazem apoio às melhores

102 ALÉM DA GLOBALIZAÇÃO

práticas, em especial no caso das empresas que não desejam se tornar de classe mundial — se esse fosse o caso, as melhores práticas também já seriam mundiais.

Isto não significa que seja necessário detalhar como as companhias deveriam cumprir suas responsabilidades ou que padrões deveriam adotar — apenas que declarassem os mecanismos pelos quais monitoram seu desempenho. Criar-se-iam, portanto, tendências e padrões emergentes nos mercados existentes, tais como as Diretrizes OECD para Empresas Multinacionais, tornando possível o reconhecimento do cumprimento desses padrões e flexibilidade ao mesmo tempo, para o estabelecimento de novos e melhores padrões.

Repensando o Consenso de Washington

Um maior controle sobre o cassino global das negociações financeiras não regulamentadas é a tarefa mais urgente dos governos nacionais. O bloco de políticas do "Consenso de Washington" está, no mínimo, desmoronando, após uma década de choques e desastres financeiros que culminaram na crise asiática e na inadimplência russa. Influentes economistas dos EUA, inclusive Jeffrey Sachs, Paul Krugman, Joseph Stiglitz e outros estão repensando suas posições. Contudo seu colega, Lawrence Summers, agora Secretário do Tesouro dos EUA, é tão dogmático como sempre.

Um primeiro passo essencial é o cancelamento da dívida da maioria dos países endividados, talvez com base no Capítulo 9 da Lei de Falência Municipal, dos EUA, conforme proposto pelo Fórum Kreisky,[11] reunido em Viena, o Jubileu 2000 e outros, inclusive Kunibert Raffer, sobre o processamento de uma falência internacional. Muitas OSCs rejeitam a proposta do Banco Mundial e do FMI, endossada pelo G-7, de uma Iniciativa de Auxílio aos Países Pobres Muito Endividados (*Highly Indebted Poor Countries Initiative-HIPC*) — mesmo depois de ter sido ampliada e ter recebido apoio da ONU, em sua reunião de outubro de 1999. A HIPC foi considerada não apenas de-

ALÉM DA GLOBALIZAÇÃO   103

masiado lenta e muito restritiva mas também baseada em condições inaceitáveis, que pioraram consistentemente o problema — como argumenta, agora, Joseph Stiglitz. O Relatório de Desenvolvimento e Comércio (*Trade and Development Report*), de 1998, da UNCTAD pediu um mecanismo internacional de paralisação e solução ordenada da dívida, derivado das disposições contidas no Código de Falências dos EUA. Esta idéia é agora apoiada pela ONU.

Esse mecanismo possibilitaria que as nações diante de um ataque monetário impusessem uma paralisação ao serviço da dívida para repelir investidores predatórios, dando-lhes tempo para tomar fôlego e formular um plano de reorganização da dívida antes que a crise de liqüidez se transforme em uma crise de solvência. A decisão de paralisação seria, então, submetida à aprovação de um painel independente, em vez do FMI, para evitar conflitos de interesse com os acionistas do Fundo. Esse mecanismo evitaria a "incitação ao pânico" e seria semelhante às disposições já existentes na OMC, permitindo a tomada de medidas emergenciais pelos países. A paralisação da dívida seria combinada com financiamento adicional, de modo que o país devedor possa reabastecer suas reservas e obter capital de giro. Esses fundos para operações de emergência seriam muito inferiores à escala das operações recentes de refinanciamento (socorro) do FMI, que, como reclama a UNCTAD, geralmente chegam somente depois do colapso da moeda e que são destinadas a atender exigências dos credores e evitar falências. As prescrições do FMI, que exacerbaram os problemas da Ásia, levaram a que se repensasse o estabelecimento, em maio de 1999, de Linhas de Crédito Contingenciais com altos juros, de modo que os países com políticas econômicas fortes pudessem ter uma linha preventiva de defesa contra "contágio financeiro"(por exemplo, contra especuladores).

Após a crise da Ásia, os debates sobre a necessidade de conselhos monetários, vários tipos de controles de capital, e tributação e comercialização monetárias aumentaram nitidamente.[12] Esses debates continuaram depois da crise de inadimplência russa, em agosto de 1998, e da quase falência e socorro ao fundo de derivativos *Long Term Ca-*

104 ALÉM DA GLOBALIZAÇÃO

pital Management (LTCM), algumas semanas mais tarde. Em 30 de outubro de 1998, Gordon Brown, Chanceler do Tesouro Público do Reino Unido, anunciou um consenso entre os ministros financeiros do G7 e os diretores de bancos centrais sobre propostas para mudar a "arquitetura financeira"[13] do mundo. Os discursos do Chairman da Diretoria do Banco Central americano (FED), Alan Greenspan, e de outros, no Congresso, explicando a assistência do FED no refinanciamento da LTCM, usaram terminologias semelhantes. Ambos, Greenspan e o Secretário do Tesouro dos EUA, Robert Rubin, se referiram ao papel desestabilizador da tecnologia e dos mercados monetários interligados como necessitando desta "nova arquitetura financeira internacional".[14] Os clamores pelo desenvolvimento conjunto dessa política vieram da Austrália, França, Alemanha e Reino Unido, cujo Primeiro-Ministro Tony Blair propôs uma nova conferência em Bretton Woods; o Ministro das Finanças do Canadá, Paul Martin, insistiu na urgência de um novo supervisor global das entidades supervisórias financeiras — uma idéia, agora, amplamente endossada.

Desde então, a introdução do euro, em 2 de janeiro de 1999, absorveu onze moedas européias anteriormente comercializadas — retirando-as das telas das corretoras. Muitos, nos círculos financeiros, acreditam que isto tenha aumentado a pressão sobre outras importantes moedas restantes, inclusive sobre as de Hong Kong, Canadá e Austrália, sobre a coroa Tcheca e aquelas da América Latina, particularmente sobre o real brasileiro, que caiu 40% depois de sua flutuação de 15 de janeiro de 1999, recuperando-se substancialmente depois. A Argentina reagiu, aumentando a possibilidade de abandonar o peso e adotar o dólar norte-americano.[15] O próximo e "emocionante capítulo" pode ser no Equador. Claramente, a assistência financeira do FMI às economias asiáticas e à Rússia — e até sua linha de crédito comprometida com o Brasil de US$41 bilhões — comprovaram-se inadequadas. O paradigma do "Consenso de Washington" ainda exorta os países a colocarem sua casa econômica em ordem, corrigirem os fundamentos econômicos e se acostumarem a usar as taxas de câmbio flutuantes, não importa quais sejam seus custos sociais. Nesta visão

ALÉM DA GLOBALIZAÇÃO **105**

ainda "pré-contágio", a prevenção contra a desvalorização da moeda e ataques especulativos são questões domésticas para os formuladores de políticas nacionais. As nações estão claramente desamparadas, mas o novo contágio global e a volatilidade não podem mais ser abordados pelas nações isoladamente e as soluções de longo prazo somente serão alcançadas em nível sistêmico global.

Atualmente, pouquíssimos operadores no sistema financeiro global reconheceram que um sistema de mercados financeiros bem regulamentado, transparente e funcionando bem também é um bem público global. Da mesma forma, como declara o economista Charles Wyplosz: "...a instabilidade financeira é um mal público internacional".[16] Isto é o reconhecimento do que as OSCs vêm falando há anos: as instabilidades financeiras e as crises afetam milhões de pessoas inocentes no mundo todo. As reformas marginais não serão suficientes.

Reformando o Mercado de Capitais

As taxas sobre operações de câmbio, propostas por James Tobin (1974) e Lawrence Summers (1989),[17] embora fosse professor do MIT, são promovidas por muitas OSCs em aproximadamente quatrocentos websites. Bruno Jetin, da Associação para as Taxações sobre Transações para Auxílio aos Cidadãos (*Association for the Taxation of Transactions to Aid Citizens-ATTAC*), uma ONG sediada na França, discutiu as perspectivas e viabilidade de uma combinação de taxações internacionais. Embora muitos argumentem contra uma taxa tipo Tobin devido às dificuldades técnicas de implementá-la, a posição da ATTAC é a de que os principais obstáculos são políticos. A título de comparação, Jetin disse que a criação de uma moeda européia única era tecnicamente muito mais complicada do que a implementação de uma taxa Tobin, mas a vontade política foi suficiente para torná-la uma realidade. E argumentou, ainda, que a taxa Tobin não teria necessariamente de ser adotada pela maioria das nações de uma vez só. Inicialmente, as taxas tipo Tobin poderiam ser desenvolvidas dentro

106 ALÉM DA GLOBALIZAÇÃO

de acordos regionais — não apenas na União Européia, que é o objetivo da campanha de curto prazo da ATTAC, mas em outros locais como o Mercado Comum do Sul (MERCOSUL) ou a Associação das Nações do Sudeste Asiático (ASEAN). A ATTAC também sugeriu que a ameaça de evasão de capital para centros no exterior podia ser anulada pelas taxas punitivas internacionais sobre fluxos de capital para e desses centros. A fim de reduzir a volatilidade financeira, Jetin enfatizou que a taxa Tobin teria que ser complementada com outras medidas, como a de controles de capital, particularmente em momentos de ataques monetários especulativos.

Rodney Schmidt, do Instituto Norte-Sul (*North-South Institute*) do Canadá argumenta que muitas das objeções contra a taxa Tobin poderiam ser superadas usando-se a infra-estrutura financeira cada vez mais centralizada desenvolvida pelos bancos centrais para o mercado atacadista ou interbancário de moedas estrangeiras, destinada a reduzir e eliminar risco de liquidação. A tecnologia e as instituições existentes atualmente de apoio a essa idéia tornam possível às autoridades fiscais identificarem e taxarem os grandes pagamentos de divisas estrangeiras, seja qual for o instrumento financeiro usado para definir o negócio, onde quer que estejam localizados os parceiros e onde quer que seja efetuado o pagamento subseqüente. Schmidt acredita que simples instrumentos derivativos, como contratos a futuro, seriam fáceis de taxar. O Parlamento Canadense aprovou uma resolução, em abril de 1999, para estudar a taxa Tobin.

Além das taxas tipo Tobin, foram feitas propostas de taxação sobre as vendas de corporações transnacionais em bases pro-rata como "as soluções percentuais" propostas por Mitchell L. Gold da Associação Internacional de Educadores para a Paz Mundial, Toronto, Canadá. Muitas OSCs propõem acordos de taxação internacional para criar um "campo de jogo nivelado", possibilitando que os governos nacionais imponham taxas progressivas sobre as corporações e conglomerados financeiros sem enfrentar evasão de capital. As taxas nacionais de algumas transações financeiras já são comumente usadas em muitos países. Os bancos centrais também teriam de coordenar no sentido de implementar as propostas de uma divisa estrangeira de "utilidade pública" para auditar e taxar todos os negócios.[18] Tornar esses negócios tributáveis iria requerer a harmonização dos recolhimentos nacionais e acordos para conter a mudança dos negócios para paraísos fiscais. Minha proposta juntamente com Alan F. Kay de um Sistema de Relatórios sobre Transações de Moedas Estrangeiras (*Foreign Exchange Transaction Reporting System*), discutida mais adiante, não requer ação conjunta dos bancos centrais, mas pode atingir metas semelhantes; permitir a taxação de especuladores e fiscalização correta de suas moedas exatamente como eles fiscalizam seus títulos soberanos.[19]

Atualmente, os Artigos do Acordo do FMI (Artigo VI, Seção 3), ainda permitem que os países membros "exerçam esses controles conforme o necessário para regular movimentos do capital internacional". Um estudo do Banco Mundial de 1996 observa que tão recentemente quanto na década de 70, poucos países, quer industriais ou em desenvolvimento, tinham restrições sobre movimentos de capital. O controle de capitais é uma característica difundida das últimas décadas. Nos anos que se seguiram à Segunda Guerra Mundial e devido a razões macroeconômicas, os controles de capital geralmente eram impostos aos fluxos externos dos fundos como parte das políticas que lidavam com as dificuldades das balanças de pagamentos e a fim de evitar ou reduzir as desvalorizações. A partir da década de 60 em diante, quando foram permitidos movimentos mais livres de capital, os grandes influxos de capital trouxeram problemas a países ricos como Alemanha, Holanda e Suíça, que impôs controles tais como limites para não-residentes. Apesar desta história, os controles de capital ainda sofriam oposição dos EUA e do Reino Unido, de acordo com o *Financial Times* de Londres, de 30 de outubro de 1998. O G7 simplesmente pediu aos governos que tornassem suas políticas de reservas de moeda, fiscal e monetária mais transparentes através de um "código de conduta internacional". Este somente seria um passo avante se suas propostas de códigos similares de conduta pudessem ser impostas sobre os bancos centrais e privados, corporações transnacionais (TNCs) e especuladores internacionais.

108 ALÉM DA GLOBALIZAÇÃO

Reforma Institucional

Já em 1995, na Reunião de Cúpula da ONU sobre Desenvolvimento Social, em Copenhague, surgiu um conjunto de propostas no relatório da Comissão Global para Financiamento às Nações Unidas[20] (*Global Commission to Fund the United Nations*), pleiteando o seguinte:

- uma porcentagem muita pequena (0,05% ou menos) de taxa sobre todos os negócios em moedas coletada pelos governos nacionais, conforme proposta de James Tobin,
- uma versão global da Comissão de Valores Mobiliários dos EUA, (*US Securities and Exchange Commission-SEC*) para harmonizar os regulamentos dos mercados de valores e de câmbio de moedas. Essa entidade de supervisão internacional controlaria o cassino global e irregular das negociações ilegais de ações, fraudes, lavagem de dinheiro e evasão de capitais de hoje. Atualmente, ações nefastas dos especuladores atacam moedas consideradas enfraquecidas, como as de 1993 que atingiram a libra britânica, empurrando-a para baixo e para fora da União Monetária Européia (EMU),
- proposta, mencionada anteriormente, derivada do historiador econômico da ONU, Ruben A. Mendez, no sentido de que os principais bancos centrais do mundo se reúnam e estabeleçam suas próprias moedas de "utilidade pública",
- uma nova conferência de Bretton Woods convocada pela ONU — incluindo todos os países para que, em cooperação, planejem os novos regulamentos necessários à domesticação do cassino global.

A partir daí, a ONU ofereceu suas próprias recomendações, mencionadas no Capítulo 1, sublinhando a necessidade do mundo de reformar o FMI e outras instituições financeiras. Mas essas reformas também precisam ser baseadas em novos sistemas contábeis que possam monitorar melhor os investimentos de longo prazo, os ativos ecológicos, e o capital humano e social, e que possam também responder

ALÉM DA GLOBALIZAÇÃO   109

corretamente pelo trabalho não-remunerado dos setores assistenciais de todas as economias.

Atualmente, uma ampla campanha sediada na Associação das Nações Unidas, em Londres (veja Quadro 2 e Listagem), promove "Um Contrato para a Democracia Global", apoiado pela Fundação da Nova Economia (*New Economics Foundation*) e pela Comissão Global para Financiamento das Nações Unidas (*Global Commission to Fund the United Nations*). Suas doze áreas de ações urgentes estão alinhadas com a maioria das que constam neste livro e com a Agenda Canadense de dez itens, do Conselho Canadense para Cooperação Internacional (*Canadian Council for International Co-operation*). (Veja Quadro 3 e Listagem.)

O economista Jeffrey Sachs, diretor do Instituto Harvard de Desenvolvimento Internacional (*Harvard Institute for International Development*), propôs que o G7 (que representa exclusivamente 14% da população mundial) deva ser ampliado para G16 a fim de incluir oito países governados democraticamente, inclusive Brasil, Índia, Coréia do Sul, África do Sul, Chile e Costa Rica. Sachs rompeu com macroeconomistas e seus "sacos de truques". Ele observa que "durante uma década, tivemos um Consenso de Washington falso — e quase nenhuma discussão real entre países ricos e pobres sobre os desafios diante de um mundo com a maior desigualdade de renda jamais vista na história. O G16 estabeleceria parâmetros para um diálogo renovado e honesto". Comentando a crise asiática, Sachs acrescenta: "O FMI trabalhou poderosamente e na direção errada para tornar o mundo seguro para os gerentes de dinheiro de curto prazo. O FMI encorajou os bancos centrais de Jacarta a Moscou e Brasília a elevarem as taxas de juros a níveis estratosféricos... para que os investidores mantivessem sua confiança. Quanto mais esses países tentaram defender suas moedas, mais eles incitaram ao pânico".[21] Este elo de feedback foi indicado anteriormente no contexto dos saltos de aumento das taxas de juros.[22] Muitas autoridades financeiras pedem agora que o papel do FMI seja ampliado para o de líder global de última instância. Muitas OSCs gostariam de controlar seus poderes e até assessorar o

110 ALÉM DA GLOBALIZAÇÃO

FMI em reparações de danos econômicos e sociais que ele causou aos países asiáticos. Muitos economistas reverteram suas opiniões anteriores para que alguns países emergentes e pequenos usem controles de capital.[23] Poucos se referem ao G15, um poderoso grupo de países em desenvolvimento que tem se reunido continuamente desde os fins da década de 80 e que produziu um influente relatório[24] em defesa de uma cooperação Sul-Sul muito maior. Todas essas propostas deveriam ser amplamente debatidas.

Sem se constituir em surpresa, as OSCs, os cidadãos e os advogados dos países mais afetados também se organizaram em resposta ao desastre asiático. A Conferência de Bangkok para Foco sobre o Sul Global (*Bangkok Conference of Focus on the Global South*) reuniu, em março de 1999, mais de trezentos especialistas, parlamentares, líderes de OSCs e autoridades internacionais no sentido de moldar melhor recomendações de políticas específicas.[25] Entre essas recomendações, foram incluídos acordos para:

- deter os esforços existentes atualmente no Fundo, bem como em outras organizações, no sentido de incluir a liberalização da conta de capital em seus Artigos do Acordo, o que retiraria a flexibilidade necessária para que os governos nacionais introduzam controles de capital como medidas preventivas contra ataques especulativos,
- recolocar a missão do FMI em seu mandato original de solução de problemas de financiamento da balança de pagamentos de curto prazo, sem direito de impor reformas estruturais de longo prazo sobre nações soberanas,
- apoiar a criação de fundos monetários regionais orientados socialmente e administrados democraticamente.

Além disso, foi proposta uma "Autoridade Financeira Mundial" (*World Financial Authority*-WFA). Tal instituição (também estabelecida democraticamente e responsável perante as Nações Unidas) receberia poderes executivos e sanções obrigatórias (comparáveis àquelas da OMC) para regular e supervisionar conglomerados financeiros co-

ALÉM DA GLOBALIZAÇÃO   111

mo os fundos de derivativos e instituições financeiras globais como o FMI. Seus objetivos e tarefas principais incluiriam:

- assegurar que as operações dos mercados financeiros globais permaneçam consistentes com e promovam o crescimento, redistribuição e emprego na economia real,
- minimizar riscos sistêmicos decorrentes de operações de valores e de mercados futuros (por exemplo, impedindo os fundos de derivativos de usarem dinheiro emprestado para fins especulativos, evitando, dessa forma, suas operações alavancadas altamente arriscadas e potencialmente desestabilizadoras),
- monitorar e regulamentar as atividades dos bancos internacionais, negociadores de moedas e gerentes de fundos,
- assegurar transparência e responsabilidade por parte das Instituições Financeiras Internacionais (IFIs),
- assessorar os governos nacionais nas funções de controle e melhoria de regulamentos sobre seus sistemas financeiros (por exemplo, através da imposição de exigências de capital e/ou reservas em todas as instituições financeiras),
- assegurar que os controles de capital implementado em um país não sejam subvertidos pelos países vizinhos que perseguem políticas contrárias (por exemplo, liberalização financeira) para atrair capital financeiro,
- proporcionar um fórum onde as regras de cooperação financeira internacional sejam desenvolvidas e implementadas.

No entretempo, foram aplicados remédios familiares para sanar a crise: elevação das taxas de juros, taxas de câmbio fixas ou em bandas e assim por diante. Poucos prestaram atenção ao "trilema" codificado no modelo de 1962 dos economistas Mundell e Fleming, que alertaram para o fato de que países desejosos de interligarem suas economias no comércio mundial não podem alcançar simultaneamente taxas de câmbio estáveis, autonomia da política econômica doméstica e fluxos livres de capital global.[26] Desde o colapso de Bretton

112 ALÉM DA GLOBALIZAÇÃO

Woods, as nações ficaram com este "trilema": elas podem alcançar duas dessas metas, mas não as três ao mesmo tempo.

Outras propostas globais incluem o conceito do investidor/filantropo, George Soros, de criação de uma Corporação de Seguros de Crédito Internacional (*International Credit Insurance Corporation*) para preparar os mercados globais. A análise de Soros é realista e muitas de suas iniciativas seguem o o caminho certo em direção à meta de uma "sociedade global aberta" (onde processos políticos democráticos ofereçam equilíbrio social aos processos do mercado). Contudo, essa Corporação de Seguro de Crédito Internacional, sem a reestruturação adicional da arquitetura financeira existente, poderia certamente exacerbar os problemas de risco moral atuais. Na verdade, Soros oferece muitas outras propostas úteis para evitar o que ele considera uma desintegração do sistema capitalista global e evidente inabilidade das autoridades monetárias internacionais para mantê-lo unido.[27]

Soros visa diversos tipos de derivativos que precisariam de regulamentação, porque geram "tendências de seguimento" ou comportamento de rebanho, sugerindo que todos os derivativos deveriam ser licenciados e registrados com a Comissão de Valores Mobiliários (SEC) como "novas emissões" de títulos. Evidentemente, a falha de muitas dessas estratégias de *hedging* está nas premissas de mercados eficientes e informações perfeitas dos modelos — que analisei no Capítulo 2. Outras medidas amplamente discutidas incluem a imposição de necessidades de margens e "provisões de perdas" sobre os derivativos e outras transações extrabalanço patrimonial, bem como regulamentação dos fundos de derivativos, operações de negociações de propriedades dos bancos e fundos de *hedge* internos dos bancos de investimento. De maneira interessante, Soros não aborda a questão da moeda especulativa — diretamente negociada — embora não negue que se dedicou a isso, sendo muito difundida e um fator atual de volatilidade e contágio. Alan Greenspan se opôs à regulamentação dos fundos de derivativos, mas lembrou-nos de que este aumento de volatilidade é uma boa novidade para os *traders*, que podem auferir ga-

ALÉM DA GLOBALIZAÇÃO   113

nhos com ela. Na verdade, os *traders* não podem ser culpados por jogarem seguindo regras que eles não têm poder para mudar.

Soros também é a favor de um fundo especial de garantia de empréstimo de no mínimo US$ 150 bilhões visando possibilitar que os países em desenvolvimento com políticas econômicas saudáveis obtenham acesso aos mercados de capital internacionais. Esta idéia foi posta em pauta pelo Secretário do Tesouro dos EUA, Robert Rubin, na reunião anual do FMI de outubro de 1998 — mas recebeu pouco apoio. Soros acredita que esse fundo de garantia de empréstimos deveria ser financiado com uma nova emissão dos Direitos Especiais de Saque (*Special Drawing Rights*-SDRs) o que, segundo afirma, estaria acima das objeções dos banqueiros europeus e não criaria dinheiro adicional — mas simplesmente preencheria buracos criados por inadimplência.[28] A partir de então, o Chanceler do Tesouro do Reino Unido, Gordon Brown, também passou a instar o FMI para criar SDRs vendendo parte do seu ouro. Soros, além do mais, acredita que a situação das condições do FMI deve ser incluída nas trocas de dívidas por capital dos empréstimos com mau desempenho e policiamento mais estreito dos coeficientes de adequação do capital dos bancos pelo Banco de Liquidações Internacionais (*Bank for International Settlements*-BIS). Esses regulamentos do BIS isentaram os bancos das exigências de reserva de 8% no caso de empréstimos à Coréia, porque ela se unira à OECD, cujos "países ricos" membros gozavam dessas isenções de "risco baixo". A partir daí, o BIS propôs a substituição do regulamento sobre a reserva de 8% com "fórmulas de risco" complicadas por níveis diferentes de riscos — embora admitindo que os modelos atuais de análise de riscos são propensos a erro (conforme mencionado no Capítulo 2).

Depois da crise asiática passou a dedicar-se mais atenção à mitigação de riscos sistêmicos. As premissas neoclássicas de que os mercados se autocorrigem estão agora gravemente ameaçadas. Muitos atualmente admitem que os mercados livres, a comercialização e os fluxos de capital podem realmente afundar muitas economias de mercado pequenas emergentes com efeitos devastadores e rapidamente

114 ALÉM DA GLOBALIZAÇÃO

sentidos mundialmente. Até mesmo o *The Economist* de Londres, bastião da ortodoxia do mercado livre, mudou seus pontos de vista. Os editoriais da revista freqüentemente pedem por intervenções nos mercados; cobrem assuntos anteriormente considerados tabu, como controles de capital, regulamentos bancários mais rígidos e taxação do câmbio de moedas; e até defendem que as autoridades japonesas comecem a imprimir dinheiro.[29]

O economista Walter Russell Mead da elite do Conselho de Relações Exteriores (*Council on Foreign Relations*), sediado nos EUA, Jeffrey E. Garten, da Yale University, e outros tratam essas novas questões através da proposta de um banco central internacional (inicialmente sugerido em 1930, por John Maynard Keynes), que poderia estabilizar os mercados de câmbio exterior mantendo sua própria moeda como uma unidade internacional de contas. Outras idéias incluem referências a cestas de moedas (sugeridas pelo ex-Secretário do Tesouro dos EUA, James Baker); um "conselho de supervisores" dos mercados financeiros internacionais (sugerido por Henry Kauffman, de Wall Street); e variações em torno de todas essas propostas indicadas acima, desde o fundador do Instituto de Economia Internacional (*Institute for International Economics*), G. Fred Bergsten (para reviver a proposta dos japoneses de um Fundo Monetário Asiático), Barry Eichengreen,[30] Jane D'Arista[31] e outros por demais numerosos para mencionar. O trabalho *Domando o Cassino Global* (*Taming the Global Casino*, 1999), do Instituto de Política Econômica (*Economic Policy Institute*), sediado em Washington, revê o debate com um resumo útil e um conjunto de "Opções de Políticas" (veja Gráfico 4). Embora considere a Taxa Tobin uma boa idéia, o grupo questiona como deve ser implementada e também como a estimada receita de US$ 100 a US$ 200 bilhões anuais deveria ser alocada.

Essas novas propostas, acionadas amplamente pela pressão das OSCs, devem ser rigorosamente estudadas e debatidas. O comércio eletrônico — que está afrouxando ainda mais o controle dos bancos centrais sobre o dinheiro global — merece particular atenção. Afinal, a infra-estrutura tecnológica da economia global de hoje não será des-

ALÉM DA GLOBALIZAÇÃO **115**

mantelada — na verdade está se tornando mais rapidamente complexa e interligada a cada dia.

Nível Três: A Nação-Estado
O Escopo de Ação Nacional

Há inúmeras mudanças de política que as nações, isoladamente, podem realizar. Realmente, muitas estratégias apresentadas pelos líderes das OSCs, inclusive pelo Professor Walden Bello, da Universidade das Filipinas, fundador da Foco no Sul Global (*Focus on the Global South*), são de nível nacional — do redirecionamento do crescimento medido do PNB à reforma agrária. Entre os exemplos de tais iniciativas temos o uso de impostos e regulamentos pelo Chile para diminuir os fluxos de capital de curto prazo para dentro e para fora do país. Esses controles parciais de capital não têm impedido — e podem até ter melhorado — o registro do Chile como o país recordista da América Latina em desempenho econômico estável nos últimos quinze anos. A China, com suas próprias marcas de socialismo e uso crescente do mercado, tem evitado até agora os grandes danos causados pelo desastre asiático, devido largamente à inconvertibilidade da sua moeda: o yuan (ou renminbe). Paradoxalmente, embora o FMI, os EUA, o G7 e outros ministros de finanças do Consenso de Washington, os banqueiros centrais e as financeiras privadas venham há muito instando para a abertura plena das contas de capital e convertibilidade da moeda, todos têm elogiado o papel estabilizante da China na crise da Ásia. Quebrando as regras econômicas convencionais, o yuan da China e o dólar de Hong Kong permaneceram estáveis. A China, com sua população de 1,2 bilhão, é um membro permanente no Conselho de Segurança da ONU, é uma potência mundial com capacidade de fazer suas próprias regras. O desenvolvimento do yuan teria iniciado uma outra rodada devastadora de desvalorizações de moedas competitivas.

Em 1998, a decisão da Malásia de instalar controles de capital e limitar a convertibilidade de seu *ringitt*, quebrou as regras econômi-

116 ALÉM DA GLOBALIZAÇÃO

cas convencionais — expondo-a à condenação geral e a avisos de excomunhão financeira. A Malásia é um dos inúmeros países pequenos vulneráveis ao US$ 1,5 trilhão de fluxos irregulares de comercialização de moeda. Contudo, a Malásia teve sucesso, em janeiro de 1999, em obter um empréstimo de US$ 1,35 bilhão de um consórcio de doze bancos internacionais a apenas três pontos de porcentagem acima da LIBOR. Apesar de todas as terríveis ameaças, a recuperação da Malásia, em 1999, que alguns atribuíram aos seus controles de capital,[32] demonstrou que os países realmente têm opções quanto a como e até onde abrir suas economias para o mercado global. Em 1º de setembro de 1999, os controles da Malásia foram liberados sem maiores problemas.

Esses países em desenvolvimento e as economias menores, mais em risco, alinharam suas defesas e debateram suas opções individualmente e através de suas associações regionais, entre elas a ASEAN, a Assembléia Geral da ONU e a UNCTAD. Há uma concordância cada vez maior sobre seus direitos de controlar os processos de abertura de suas economias, contas de capital e conversibilidade de moeda. Estas são decisões soberanas, e a promoção, forçada pelo FMI, das ideologias e condições baseadas no Consenso de Washington para abertura das contas de capital são, agora, amplamente rejeitadas. As políticas unilaterais também incluem o aperto da fiscalização e regulamentação dos serviços bancários domésticos e empréstimos das corporações, bem como supervisão do banco central sobre os mercados monetários através de relatórios comerciais totalmente transparentes e dentro das "melhores práticas", tal como o sistema de controle financeiro computadorizado FXTRS[MR], descrito anteriormente. Esse "círculo virtuoso" de regulamentação independente é mais bem compreendido pelos especialistas em teoria dos jogos do que pelos economistas. Por exemplo, no início deste século, nos EUA o estado do Kansas resistiu à tendência de registro de empresas irregulares. Porém, em dois anos, outros 24 estados seguiram a iniciativa do Kansas com leis para constituição de empresas modernas e responsáveis. Muitos estados continuam estabelecendo seus próprios regulamentos

ALÉM DA GLOBALIZAÇÃO **117**

internos e estruturas de instituições financeiras de acordo com suas próprias culturas e interesses internos. Isto vem correndo principalmente desde a retomada da Coréia, Malásia, Tailândia e Filipinas que ignoraram o aviso do FMI e usaram os clássicos orçamentos deficitários keynesianos para estimular sua recuperação. O Japão ainda está tentando reestruturar sua economia, com muita assessoria econômica convencional sobre "abertura" que não compreende a cultura e metas japonesas de estabilidade social e emprego pleno. Os governos nacionais têm amplo espaço para agir criativamente, sem necessidade de esperar por acordos internacionais ou se curvar às ordens dos negociadores de moedas e de corporações.

A Mudança para o Desenvolvimento Sustentável

Um dos aspectos positivos da globalização das comunicações é que as oligarquias locais estão mais expostas, juntamente com a exploração social, pobreza e abuso sobre os direitos humanos. Portanto, as políticas internas de muitos países estão se tornando lentamente mais abertas e democráticas. Por exemplo, depois do desastre de 1994 do México e o resgate de US$ 50 bilhões prestado pelos EUA e pelo FMI aos investidores internacionais e às elites mexicanas, a exposição do escândalo do financiamento do banco Fobaproa bem como o movimento Zapatista conduziram à democratização do partido no poder, PRI e a políticas mais democráticas. Contudo, as principais vulnerabilidades dos fluxos monetários a ataques especulativos continuam em todos os países. Embora pressionem por uma nova arquitetura financeira, os países podem também iniciar as mudanças de política interna nacional necessárias, inclusive:

• implementação das disposições internas dos Planos de Ação definidos pela Agenda 21 e acordados nas Reuniões de Cúpula da ONU. Depois da primeira Reunião de Cúpula sobre o meio ambiente, em 1972, seguiram-se outras sobre alimentação, habitação, políticas ur-

118 ALÉM DA GLOBALIZAÇÃO

banas, direitos humanos (inclusive de mulheres e crianças), população, pobreza, desemprego e exclusão social. Em muitos países, cidades e províncias foram criadas versões locais da Agenda 21. Nas Reuniões de Cúpula, a ONU, juntamente com as OSCs e a mídia mundial, tem pressionado para que essas agendas do "Nós, os Povos da Terra" entrem nos calendários políticos locais,

- passagem de uma tributação sobre renda e emprego para tributação do consumo supérfluo, desperdício e depredação dos recursos naturais, obsolescência planejada e poluição.[33] O Instituto Wuppertal da Alemanha, a NEF e a Redefining Progress, sediada nos EUA, insistiram sobre essa mudança fiscal. Os setores industriais entrincheirados e seus aliados políticos resistem a esses tributos "verdes" ou ecológicos. A reforma fiscal sobre a terra, para combater a especulação, também é crucial (conforme promovido pelos seguidores de Henry George, inclusive a OSC, União Internacional para Taxação do Valor da Terra). Tais mudanças fiscais são neutras em termos de receita para os orçamentos nacionais — e muitas companhias atualmente apóiam as taxas verdes (por exemplo, o Conselho de Negócios Mundial para Desenvolvimento Sustentável) e outros representantes dos setores industriais servindo em comissões nacionais de Desenvolvimento Sustentável. O novo governo de coalizão da Alemanha anunciou que começará a migrar de impostos sobre folhas de pagamentos e rendas para impostos sobre a utilização dos recursos naturais,
- alteração e eliminação de subsídios a setores industriais, produtos e serviços insustentáveis. Isto também é vital, mas será uma tarefa árdua. Os que se beneficiam há muito tempo dessas vantagens e meios de evasão fiscal continuarão a lutar por eles. A enorme recompensa para a sustentabilidade global, conforme mencionado no Capítulo 1, torna essencial que se acabe com esses subsídios bem como com todos os outros favores especiais às corporações e investidores globais, como aqueles do AMI,
- aceleração das revisões estatísticas do PNB/PIB e outros indicadores macroeconômicos obsoletos, para contabilizar mais plenamente os

ALÉM DA GLOBALIZAÇÃO 119

recursos nacionais, inclusive o trabalho produtivo não-remunerado, como consta da Agenda 21. Essas mudanças precisam ser aceleradas, conforme mencionado, para se contabilizar corretamente os ativos públicos, infra-estrutura e recursos humanos e naturais. O Canadá iniciou seu orçamento de capital em 1999, o qual contabilizará C$ 50 bilhões adicionais de investimentos públicos anteriormente não registrados. Embora autoridades avisassem que "não se trata de C$ 50 bilhões extras para gastar em compras", observadores financeiros e o jornal *The National Post* disseram que os C$ 50 bilhões "irão reconciliar os livros que exageraram o déficit governamental, acumulado ano após ano, desde a confederação". Essas mudanças nas contas nacionais têm implicações radicais: de déficits mais baixos, emprego mais pleno e pagamentos de juros reduzidos.[34]

Além disso, indicadores mais amplos contrabalançam os estreitos indicadores de competitividade dos países como aqueles do Fórum Econômico Mundial, os Indicadores de Risco País e os modelos de determinação de preço dos ativos fixos (CAPMs) usados pelos mercados financeiros. Os governos nacionais também apóiam os inúmeros esforços privados, acadêmicos e locais para desenhar medidas alternativas de prosperidade, desenvolvimento humano e qualidade de vida.

Estabilização dos Mercados de Câmbio

Entre as medidas mais imediatas que os bancos centrais podem tomar está a adoção de sistemas melhorados de comercialização de moedas, como o Sistema de Informações de Transações de Moedas Estrangeiras (*Foreign Exchange Transaction Reporting System*-FXTRS[SM]), destinado exatamente a tornar a comercialização de moedas estrangeiras mais eficiente e transparente. Uma vez adotado por um ou dois bancos centrais importantes na OECD ou nos países em desenvolvimento, provavelmente se tornará um padrão tecnológico global, como já ocorreu com outros. Os agentes privados podem adotar interfaces, apesar das pequenas taxas de remuneração — simplesmente porque o sistema fornece as informações que lhes faltam e é mais eficiente. Isto também pode reduzir a lavagem de dinheiro, a evasão de impostos e a criminalidade que existe no cassino global não-regulamentado de hoje.[35]

Esses sistemas devem desempenhar diversas funções do mercado de câmbio, além de reduzirem a probabilidade, escopo e força de um ataque predatório sobre uma moeda fraca. Tais ataques, às vezes, têm exercido um papel paralisador na economia da moeda alvo. Não obstante, algumas vezes e até certo ponto, eles são inevitáveis. O sistema FXTRS[SM] não elimina, mas reduz muito a probabilidade e gravidade de tais ataques.

Os operadores de câmbio, por si mesmos, não são a causa do problema; eles não fazem as regras. Ao contrário, os operadores fornecem liqüidez, geralmente com diferenças de ofertas mínimas e custos de transação muito baixos, que são essenciais para uma operação satisfatória do mercado de câmbio global de US\$ 1,5 trilhão. Isto é possível exclusivamente porque as atividades de operador, inclusive especulação, produzem um mercado de dimensões tão enormes que é economicamente possível haver coexistência de alta liqüidez e margens mínimas para os dois lados. As pessoas que operam são compensadas pelo fornecimento dos capitais de risco que tornam isto possível. Os ataques predatórios sobre moedas fracas são exemplos do comportamento de rebanho e podem ser considerados como batalhas. De um lado estão os bancos centrais, cuja tarefa é ajudar a administrar suas moedas e economias internas. Eles são os únicos parceiros preparados no mercado para, se necessário, vender na baixa e comprar na alta para proteger suas economias nacionais. Do outro lado estão todos os outros indivíduos, bancos e todas as outras instituições financeiras. Isto inclui não apenas os especuladores e fundos de derivativos, mas qualquer um que esteja pronto a entrar na briga a qualquer momento, na esperança de comprar a preço baixo e vender a preço alto.

Quando uma economia é fraca, não há dúvida de que, a certa altura, o preço de sua moeda deve cair. Porém, o fato de um ataque ser

ALÉM DA GLOBALIZAÇÃO **121**

bem-sucedido não depende principalmente de quão supervalorizada esteja a moeda, mas sim de quanto capital pode ser introduzido no ataque e da quantidade de capital que está se evadindo do país. Até as moedas saudáveis podem sucumbir a um ataque suficientemente grande. Um ataque predatório sobre a moeda é bem-sucedido devido ao volume da reserva de dinheiro dos operadores de risco. Até os grupos de bancos centrais em consórcio não podem se defender contra a enorme alavancagem de quantidades tão elevadas de dinheiro.

O ataque predatório força a aplicação em medida excessiva da assim chamada "disciplina do mercado" aos países — mesmo para aqueles com "alicerces" sólidos. A combinação dos atacantes que vendem capital e a evasão de capitais nacionais pode pressionar a moeda para níveis de preços irracionalmente deprimidos. Os ataques predatórios prevaleciam antes do *crash* de 1929 nos EUA. O colapso do mercado norte-americano e conseqüente depressão ajudaram a eleger o presidente Franklin Roosevelt, em 1932. Em 1934, o banqueiro de investimentos Joseph P. Kennedy, pai do finado presidente John F. Kennedy, foi indicado por Roosevelt para dirigir a SEC, recentemente criada, que fez uma limpeza no mercado de ações e tornou-o seguro aos investidores. Baseado em seus sólidos conhecimentos de como funcionavam os mercados de capitais norte-americanos, Kennedy introduziu diversas mudanças no próprio processo de transações. Uma delas foi a regra *uptick* que impedia a um corretor de vender a descoberto se o último preço de venda da ação na lista fosse menor do que o preço da transação anterior. Isto diminuiu o ímpeto dos ataques predatórios e eles desapareceram por muito tempo.[36] Note-se que esta regra utilizava o valor registrado no *ticker tape* (a fita de teleinformação). Na atualidade, os *tickers* eletrônicos baseiam-se no relatório das transações, que está no centro do sistema FXTRS[SM].

Hoje em dia, com a tecnologia baseada em tela jamais sonhada na década de 30, os mercados de moedas globais podem ser operados através de um processo muito mais fácil. O design tecnológico do FXTRS[SM] possibilita os registros de propósitos das operações e contrapartidas e ajuda as entidades relevantes a se defenderem dos ataques sem

122 ALÉM DA GLOBALIZAÇÃO

prejudicar o funcionamento do mercado em tempos normais e sem privar ou diminuir a execução de qualquer transação desejada pelos compradores e vendedores dispostos a um preço mutuamente aceitável. Esse sistema preencheria algumas das necessidades citadas pelos banqueiros centrais e ministros de finanças de "uma nova arquitetura financeira global". O sistema pode ser estabelecido de modo a ser aceitável tanto política quanto financeiramente pelos bancos centrais, firmas financeiras e outros usuários, vendedores de informações (Reuters, Bloomberg, etc.), corretores de moedas e revendedores, bem como pelos líderes políticos nacionais e pelo público. Os bancos centrais participantes podem garantir que todas as transações serão prontamente informadas ao sistema em um *ticker tape*. As próprias informações dos negócios existentes nos mercados geralmente ajudam a estabilizar o mercado. Quando faltam informações no mercado, os participantes devem pagar por pesquisa extra e, às vezes, ainda ficam amedrontados ou vacilantes demais entre excessos de cuidado e de descuido, características mostradas pelos mercados monetários globais e sua recente volatilidade com reações exageradas para cima e para baixo. O relatório sobre negócios ajuda a estabilizar os mercados monetários, mas ainda são necessários mecanismos adicionais de estabilização.

Taxas de transação com alíquota de 0,001% seriam aplicadas sobre todas as transações de valor equivalente a US$ 1 milhão, o que representaria US$ 10 para o comprador dos dólares em um negócio básico. Essa quantia se compara ligeiramente a outros custos e benefícios percebidos pelas duas partes interessadas de qualquer negócio. É razoável pressupor que uma taxa tão pequena não afete qualquer negócio ou, normalmente, sequer seja notada. Contudo, para o sistema, a receita da taxa básica seria em torno de US$ 10 milhões por dia ou cerca de US$ 3 bilhões anuais, se e quando todos os países das principais moedas participassem. A descrição mais completa da arquitetura financeira do FXTRS^{SM} pode ser obtida com os autores. As patentes do FXTRS^{SM} estão pendentes no departamento de Patentes dos Estados Unidos e posteriormente serão doadas/atribuídas às Nações Unidas.

ALÉM DA GLOBALIZAÇÃO   123

Nível 4: O Sistema de Corporações
Promoção da Responsabilidade das Corporações

Os contratos sociais das corporações precisam ser redesenhados para refletir novas realidades, onde o conhecimento seja reconhecido como um fator-chave da produção e o desempenho social e ambiental seja ponto de referência e exame. Essas reformas são defendidas por muitas OSCs, entre elas a NEF, TOES-USA, e os reformadores David Korten, Ward Morehouse, Richard Grossman, Patricia Kelso, Jeff Gates, Shann Turnbull da Austrália e Godric Bader da Grã-Bretanha — muitos inspirados por E. F. Schumacher. Embora os contratos sociais das corporações tenham validade nacional em alguns países, nos EUA esses contratos são validados pelos estados. Atualmente, a maioria das corporações, quer globais quer nacionais, está aceitando a realidade de que os executivos gerenciam para atender a diversos grupos de interesses (*stakeholders*), fazendo a otimização entre acionistas, empregados, clientes e fornecedores, comunidades e meio ambiente. A maior pesquisa de opinião pública já conduzida foi realizada em outubro de 1999 pela Environics International Ltd., sediada em Toronto, a Conference Board, dos EUA, e o Prince of Wales Business Leaders Forum, do Reino Unido. Uma pesquisa entrevistando 25.000 cidadãos da classe média de vinte e três países revelou que duas dentre três pessoas desejam que as companhias sigam além do seu papel histórico de lucro, pagamento de tributos, emprego e cumprimento das leis, e contribuam também para metas sociais mais amplas.

Sistemas financeiros e legais, voltados a responder exclusivamente aos acionistas e à "maximização" do valor de sua riqueza, devem agora ser redesenhados para levar em conta os demais *stakeholders*. Muitos países da União Européia, inclusive o Reino Unido, lideram esta mudança. Os EUA ainda estão exclusivamente focados nos mercados de ações e portfólios. Os gerentes de ativos, de fundos de pensões e os analistas de valores, amplificados pela mídia de negócios, alimentam a obsessão nacional pelos preços de ações a curto prazo, valorizações e retornos rápidos aos acionistas. O impulso norte-

124 ALÉM DA GLOBALIZAÇÃO

Figura 4

Tecnologias de Ponta que Imitam a Natureza

Alguns exemplos de tecnologias bem-sucedidas baseadas no design da Natureza: as *câmeras* imitam os olhos; *aviões* imitam os pássaros; *radares* e *antenas* imitam os insetos.

Tecnologias da Informação

- Inteligência artificial... Sistemas especialistas, hipertexto, programas de aprendizagem associativa.
- Biotecnologias... Engenharia genética, clonagem.
- ...Anticorpos monoclônicos, interferon, insulina
- ...Feromônios, atratores químicos, controles biológicos de pestes
- ...Catalisadores baseados em proteínas, organizadores, micróbios que "comem" derrames de petróleo, enxofre etc.
- **Indo além da medicina que aumenta as defesas do corpo e processos de cura em direção a reparos de células e extensão da vida.**
- Tecnologias da Energia...Térmica dos oceanos, marés e geradores de ondas
- ...Conversão da energia da biomassa
- ...Represas, hidroelétricas
- ..."Nanotecnologia", organizadores moleculares
- ...Fontossíntese sintética, células fotovoltaicas
- ...Osmose, tecnologias de membranas
- ...Velas solares
- ...Reatores de fusão

Modelos da Natureza

- Inteligência, conhecimento humano
- ...Memória e linguagem humana

- Códigos do DNA, RNA, vírus, bactérias
- ...Sistema imunológico humano
- ...Plantas, espécies selvagens
- ...Vaga-lumes
- ...Insetos, micróbios, fungos
- ...Aminoácidos
- ...Micróbios

- Sistema imunológico humano, DNA, genes.

- Oceanos e outros processos globais
- ...Processos de decadência natural, fermentação
- ...Gravidade
- ...Vírus
- ...Cloroplastos das plantas verdes
- ...Membranas de células vivas
- ...Asas dos insetos
- ...O sol

Aumento de interconexão

Copyright ©1987 Hazel Henderson

ALÉM DA GLOBALIZAÇÃO **125**

americano de mudar os contratos sociais das empresas em direção a uma abordagem mais equilibrada entre *stakeholders* bem como em direção a estratégias de prazo mais longo está vindo das OSCs e do setor de investimentos socialmente responsável (US$ 1,3 trilhão, crescendo rapidamente com sessenta e três fundos mútuos éticos e cerca de mais quarenta em registro).[37]

A auditoria social, ética e ambiental, uma iniciativa das OSCs, incluindo-se o Conselho de Prioridades Econômicas (*Council on Economic Priorities*) sediado nos EUA e o NEF, no Reino Unido, foi amplamente adotada. Grandes firmas de auditoria firmaram parcerias com pequenas consultorias nos países da OECD para oferecer esses serviços. Os códigos voluntários de conduta das corporações e das associações de indústria e comércio devem ser encorajados. Cada vez mais adotadas pelas pressões externas das OSCs, consumidores, investidores e empregados, essas iniciativas voluntárias são importantes para o redirecionamento das metas das corporações. Além do mais, elas facilitam grupos de vigilância e podem ser assessoradas e auditadas. Contudo, a reforma fundamental envolve a mudança de todos os produtos e processos no sentido da sustentabilidade ecológica, como defendido pela *Natural Step* da Suécia e o modelo de "ecologia industrial" de Kalundborg, na Dinamarca. O alvo é imitar sistemas naturais; as inovações humanas sempre se inspiraram na natureza (veja a Figura 4, "Tecnologias de Ponta que Imitam a Natureza" descritas em *Biomimicry*, 1997, de Janine M. Benyus).

Padrões das Corporações

A participação voluntária das empresas no estabelecimento de padrões — geralmente com associações relevantes de comércio, entidades governamentais e também, freqüentemente, com grupos de consumidores — tem mais de um século. O estabelecimento de padrões ocorre em todos os níveis — exemplos: o Anjo Azul da Alemanha e o Selo Verde dos EUA, e, mais recentemente, os selos "sociais"

126 ALÉM DA GLOBALIZAÇÃO

de aprovação, como o padrão de trabalho SA8000. Todos esses fazem parte do aumento de demanda no sentido de que as corporações globais reduzam emissões e apliquem padrões justos de trabalho, bem como promulguem Códigos de Conduta (por exemplo, o CAUS, o CERES e os princípios McBride). Há um conflito cada vez maior entre as mudanças nos valores individuais, a preocupação com a comunidade e qualidade de vida versus a globalização orientada para o mercado. Os padrões ISO 14000 e 14001, os Sistemas de Gerenciamento Ambiental (*Environmental Management Systems*-EMAS) e a rotulagem ecológica (*eco-labeling*) têm sido adotados para vários produtos, desde os elétricos aos farmacêuticos. As corporações continuam divulgando códigos de conduta e promovendo esses padrões globais e melhores práticas. (Veja a Reportagem Especial "Padrões Globais" na *Business Week* de outubro de 1996.) A Organização Internacional das Comissões de Valores (*International Organization of Securities Commissions*-IOSCO) tomou a dianteira em termos de maior transparência e ordem nos mercados de títulos, moedas e mercados a futuro. As grandes firmas de contabilidade e as centenas de novas companhias estão aumentando a responsabilidade ambiental e social e fiscalizando o desempenho das corporações. Muitos investidores institucionais e gerentes de ativos juntaram-se a esses líderes de negócios e àqueles que assinaram os Princípios CERES, da Coalizão das Economias Ambientalmente Responsáveis (*Coalition for Environmentally Responsible Economies*), os Princípios Sullivan e McBride, os Princípios CAUX e os da Rede Empreendedora Social (*Social Venture Network*) e do Centro Minnesota de Responsabilidade Empresarial (*Minnesota Center for Corporate Responsibility*). Os gerentes de ativos engajados tomam como marco o Índice Social Domini 400 (*Domini 400 Social Index*), que supera regularmente o Standard and Poor's 500. Mesmo o venerável Dow Jones & Company criou o seu *Sustainability Group Index*, em setembro de 1999.

O Secretário Geral das Nações Unidas, Kofi Annan, tem feito gestões junto aos CEOs das corporações para que elevem os padrões de boa cidadania das empresas.[38] O esclarecimento dos padrões das Na-

ALÉM DA GLOBALIZAÇÃO **127**

ções Unidas aos parceiros empresariais também será um grande passo para dissipar a suspeita crescente entre as OSCs e companhias menores de que a ONU parece favorecer o Conselho Mundial de Negócios para o Desenvolvimento Sustentável (*World Business Council on Sustainable Development*-WBCSD) e as corporações gigantes globais da era industrial. O mal assessorado Fundo de Desenvolvimento Sustentável (*Sustainable Development Fund*) da UNDP, com dezessete empresas multinacionais, cada uma pagando meros US$50,000, inclui muitos membros com péssimo histórico em relação a direitos humanos e poluição. Essas companhias terão permissão para usar o logotipo da ONU. As empresas gigantescas, ao mesmo tempo em que lutam por eco-eficiência também exercem seu poder sobre governos para manter enormes e perversos subsídios, que ainda dificultam as mudanças para a sustentabilidade. Enquanto isso, as firmas menores, mais limpas e mais "verdes", pioneiras na contraposição a esses subsídios, sentem-se enxotadas do próprio jogo de desenvolvimento sustentável que elas e a OSCs lutaram tão arduamente, durante décadas, para criar. Foram necessárias décadas de pressão das OSCs para o Banco Mundial "descobrir" as tecnologias verdes, a energia renovável, as microempresas e o microcrédito. A OMC já se encontra sob uma barragem de críticas pela formulação de seus regulamentos pressionantes e ignorantes. As Nações Unidas podem fazer muito melhor. Abraçando proativamente as empresas de pequeno e médio porte socialmente responsáveis (reconhecidas agora como os motores reais da criação global de empregos), a ONU pode demonstrar seu comprometimento. Milhões dessas firmas no mundo todo podem se beneficiar da parceria da ONU no sentido de um desenvolvimento sustentável. A ONU pode, onde necessário, assistir aqueles que necessitam de ajuda para encontrar seus padrões. Algumas agências, inclusive o UNICEF e a ILO, mostraram o caminho, outras, como a UNDP, estão acompanhando. Somente se pudermos nivelar o campo do jogo empresarial global é que podemos esperar ter sucesso a longo prazo.

Transparência

Todos esses mecanismos de estabelecimento de padrões, bem como as rotulagens ecológicas e de direitos humanos mais recentes (além de impostos e multas) são mecanismos importantes na mudança para a sustentabilidade. Realmente, será necessário um conjunto completo desses mecanismos de políticas para incluir a fiscalização social e ambiental das corporações, políticas de preços de custo total, custeamento do ciclo de vida e custos de integração social e ambiental nos modelos de determinação de preços dos ativos fixos (CAPM). Todas essas medidas podem reduzir a destruição ambiental e investimentos irracionais (particularmente no setor de energia) e redirecionar muitas das negociações mundiais entrópicas de hoje. Quando os modelos termodinâmicos e econômicos de eficiência estiverem alinhados, veremos que as eficiências local e provincial da escala estão corretas, como enfatizei em *A Política da Era Solar*[39]. Será necessário muita campanha na OMC para convencer seus formuladores de políticas e representantes governamentais sobre esses princípios ecológicos. As regras de produção da Natureza e suas redes de alimentos são locais e não globais. Mas, considerando todas as políticas da OMC, a igualdade deve ser a chave se quisermos abordar as necessidades dos dois bilhões de habitantes que ainda se acham abaixo da linha de pobreza. O princípio da subsidiaridade, tão amplamente aceito na União Européia e nos EUA (como direitos dos estados), poderia ser utilizado para convencer a OMC, o FMI e outras agências internacionais não democráticas.

O Impacto do Comércio Eletrônico

Quais são alguns dos pontos-chave e implicações, à medida que mais empresas movem suas transações para o espaço cibernético? Comecemos com o comércio eletrônico. Muitas companhias supõem que as transações baseadas em dinheiro irão monopolizar o espaço ci-

ALÉM DA GLOBALIZAÇÃO **129**

bernético através de sistemas melhores de segurança, sistemas de transmissão criptografados, manuseio de cartões de crédito e sistemas de moeda eletrônica. Contudo, o comércio eletrônico não requer transações baseadas em dinheiro, mas poderia empregar transações baseadas em puras informações (ou seja, trocas eletrônicas). As implicações decorrentes dessa atitude são claras: o dinheiro e a informação não são equivalentes — já estamos fora do dinheiro e do padrão ouro e no padrão de informação mundial. Esta nova compreensão está indicando de forma muito difundida a desmistificação do próprio dinheiro, assim como do crédito, débito e finanças. Muitos pesquisadores ligados à New Economics Foundation cobrem esses assuntos: James Robertson, Joseph Huber, eu mesma e outros, inclusive E. F. Schumacker, Margrit Kennedy, Michael Linton, Shann Turnbull, Willem Hoogendijk e Richard Douthwaite (veja Bibliografia).

Os bancos se beneficiam da escassez de dinheiro e, compreensivelmente, tentam controlar as transações no espaço cibernético. Contudo, hoje, bilhões de dólares de serviços e mercadorias são trocados nas redes eletrônicas de negócios, todos anos, nos EUA, pelas corporações e indivíduos. O surgimento de transações de escambo com uso de alta tecnologia ajudarão a criar pleno emprego e fortalecer os mercados locais. As moedas locais e sistemas de troca baseados em PC estão florescendo nos EUA, Canadá, Europa, Austrália e Nova Zelândia. Atualmente, elas são necessárias na economia de escambo muito grande da Rússia. No lado negativo, os burladores de impostos, as empresas fantasmas e a lavagem de dinheiro são atraídos mais facilmente pelos paraísos fiscais, que deliberadamente oferecem anonimato. O comércio e as trocas realizados pela Internet tornam tudo isto mais fácil.[40]

As cadeias gigantescas de varejistas e de serviços globais e os pequenos empreendedores cada vez mais desalojam os comerciantes locais. Essas redes globais operam sobre infra-estruturas mantidas por evasão de impostos, preços de energia subvencionados e às custas da exclusão de muitos custos sociais e ambientais. Isto lhes permite penetrar nos mercados locais com preços irreais. Em seguida, depois que os agentes locais foram eliminados dos negócios, eles podem elevar

130 ALÉM DA GLOBALIZAÇÃO

os preços sem a presença dos concorrentes. Os bancos de desenvolvimento, as cooperativas de crédito locais e os microgrupos de crédito devem ser favorecidos em detrimento das filiais dos grandes bancos nacionais e globais que operam livremente na infra-estrutura desregulamentada do espaço cibernético financeiro. Esses bancos, atrelados ao cassino global, aceitam depósitos locais e cheques de pagamento salarial, mas tais fundos tendem a ser "evacuados", todos os dias, da filial local do banco para os sistemas de transferências de fundos eletrônicos globais para serem aplicados como empréstimos no mundo todo. Considerando as taxas médias de juros globais, as comunidades e empresas locais não podem mais se dar ao luxo de aceitar essas taxas de juros para resgatar seus próprios depósitos.

Talvez a maior mudança de paradigma envolva esses novos mercados eletrônicos baseados na informação — essa é a razão subjacente à enxurrada de ações de empresas baseadas na Internet. Por exemplo, o sucesso da e-Bay, uma iniciativa sediada em San Francisco, é fundamentado nas redes de trocas LETCS, que oferecem leilão de objetos de segunda mão na Internet, nos quais os assinantes negociam em termos de dinheiro. As implicações para as bolsas de valores e para os bancos são vastas. Se a criação e administração de dinheiro, bem como as transações em dinheiro e disponibilidade de crédito não forem drasticamente inspecionadas para atender as novas necessidades dos consumidores, empresas, empregados e investidores do século XXI, estes simplesmente contornarão os bancos e as transações em dinheiro. E continuarão mudando para as transações baseadas em informações puras, tais como as trocas high-tech, moedas certificadas locais e sistemas de troca, enquanto as grandes empresas usarão cooperativas de pagamento e ampliarão seus negócios de troca (avaliados em cerca de 25% do comércio global). Os bancos estão empenhados em adquirir computadores e tecnologia da informação para conseguirem a reimposição das transações baseadas em dinheiro e sua escassez — particularmente no comércio eletrônico via dinheiro eletrônico, cartões de crédito e de débito, serviços bancários virtuais e assim por diante.

ALÉM DA GLOBALIZAÇÃO **131**

Contudo, a nova concorrência das trocas high-tech, baseadas na informação e independentes do dinheiro, não desaparecerá. Os sistemas bancários e de compensação são muito úteis, mas agora têm concorrência em suas funções básicas de intermediação — para as quais a Internet é idealmente adequada. Por exemplo, um quarto do volume de negociações em Wall Street agora são eletrônicos e passam por cima dos corretores, ao mesmo tempo em que pregões de "viva voz" das bolsas de valores em todo o mundo estejam sendo substituídos semanalmente. As licenças para corretagem na bolsa de valores de Nova York perderam metade do seu valor em 1998. As OSCs podem tirar vantagem desta rápida reestruturação dos mercados financeiros, já que elas condenam muitas das velhas elites e agentes. Por exemplo, as mulheres, tradicionalmente excluídas das redes de camaradas das finanças, encontraram seus nichos em "investimentos verdes" socialmente responsáveis, liderando este setor como analistas de valores e gerentes de ativos. Amy Domini, que criou o Domini Social 400 Index; Tessa Tennant, chefe de unidade de pesquisas de investimentos "verdes" do National Provident; Joan Bavaria, fundadora da *Coalition for Environmentally Responsible Economies* (CERES); Alice Tepper-Marlin, fundadora do *Council on Economics Priorities*; Michaela Walsh, Esther Ocloo e Ela Bhatt (do SEWA da Índia) que foram as pioneiras do *Women's World Banking*; e Susan Davis da *Capital Missions*, para citar apenas algumas.

Nível Cinco: Os Sistemas Locais e Provinciais

Os governos municipal, provincial e local têm muito poder, aumentado pelas regras de subsidiariedade em muitos países. Muitas áreas rurais, influenciadas pelas redes e parceiros da via rápida global, podem possuir experiências radicais em sustentabilidade, como aquelas documentadas em Gaviotas, Colômbia (posteriormente apanhada no fogo cruzado do vendaval político da Colômbia).[41] A cidade de Curitiba, no estado do Paraná, Brasil, tornou-se uma vitrine mundial de

132 ALÉM DA GLOBALIZAÇÃO

redesenho urbano inovador, tanto em eqüidade como em sustentabilidade. Dezenas de cidades, como Bremen, na Alemanha, se auto-indicaram como modelos da Agenda 21, assim como muitos estados nos Estados Unidos. As Comissões de Desenvolvimento Sustentável apresenta esses modelos, assim como foi feito na Reunião de Cúpula da ONU de 1996 sobre Cidades, a Habitat II, em Istambul. Esses governos locais podem emitir títulos para captar recursos voltados a desenvolvimento sustentável, transporte coletivo e energia renovável, evitar a expansão das periferias, ajudar a reerguer os centros velhos das cidades, recuperar as áreas de mananciais e estimular a agricultura sustentável e eficiência energética. A presidência do *Council on Sustainable Development* dos Estados Unidos é ocupada por Ray Anderson, CEO da Interface Carpet, Inc., pioneira na mudança de mercadorias para serviços que está agora "desmaterializando" a economia dos países ricos. O Relatório de maio de 1999 da Comissão contém inúmeros bons exemplos de iniciativas locais e privadas.[42]

As cidades começam agora a disciplinar o tráfego com esquemas de pedágios (como em Cingapura e algumas cidades européias), centros de compras para pedestres para aliviar o tráfego, pistas de bicicletas, sistemas de carona nos carros e estacionamentos municipais grátis ou de baixo preço para bicicletas. Os regulamentos de zoneamento permitem que as localidades façam experiências com reciclagem, energia solar, eficiência energética e conservação de água; pode-se até processar o esgoto da cidade e vendê-lo como fertilizante, como fez a cidade de Milwaukee durante décadas sob o rótulo de "Milorganite" (e que agora está sendo patenteado em outro lugar). A cidade de Shangai, na China, está lançando um movimento de 16 bilhões de yuans (US$ 2 bilhões) para limpeza ambiental abrangendo a cidade toda, financiado por títulos municipais, que também fornecerá empregos à medida que as velhas indústrias poluidoras sejam fechadas. Muitas cidades estão se reconectando com suas áreas agrícolas adjacentes através do estabelecimento de mercados para agricultores e facilitando os

ALÉM DA GLOBALIZAÇÃO **133**

sistemas de contrato entre seus cidadãos e agricultores sobre colheitas especiais e produtos cultivados organicamente.

O desenvolvimento e renovação econômica das comunidades é promovido por muitos governos em associação com bancos locais, investidores e organizações cívicas. Essas alianças freqüentemente juntam-se em lobbies para obterem ajustes de políticas nacionais como a Lei de Reinvestimento Comunitário dos Estados Unidos (*US Community Reinvestment Act*), requerendo que os investimentos sejam feitos no desenvolvimento de habitação, pequenos negócios e instalações novas de infra-estrutura. Nos Estados Unidos, o Projeto de Soberania (*Sovereignty Project*), sediado em Chicago, uma coalizão desses defensores de desenvolvimentos locais, introduziu um projeto de lei no Congresso que permitiria ao Tesouro Federal fazer empréstimos diretamente às cidades, sem juros, destinados a projetos de utilidade pública democraticamente aprovados, desenvolvimentos ecologicamente seguros, novas escolas etc. Em vez de financiar emissões de títulos com juros altos, sobrecarregando as gerações futuras, essas dívidas soberanas seriam pagas diretamente ao Tesouro. Esta foi uma prática comum do banco central do Canadá até os anos 50.

Conforme mencionado, todos os países têm poder soberano para cunhar sua própria moeda e realizar esses empréstimos de utilidade pública diretamente, uma prática muito diferente daquela, muitas vezes causada por pressões políticas dos bancos privados, de emprestar diretamente os fundos federais para bancos privados os quais, depois, emprestam aos consumidores com taxas de juros do mercado. Atualmente, este sistema bancário de reserva fracional está se tornando norma nos EUA. Contudo, muitas OSCs agora desafiam esta prática de aplicação do nosso dinheiro na criação de dívidas junto aos bancos. Muitas acreditam que o poder soberano de criação do dinheiro da nação não devia ter sido cedido aos bancos privados, que podem emprestá-lo a juros, retendo exclusivamente uma fração de reserva (usualmente 8% de acordo com as normas atuais do BIS). Outras estratégias essenciais de controle local e criação de economias internas prósperas incluem cooperativas de crédito locais, microcrédito, pe-

134 ALÉM DA GLOBALIZAÇÃO

quenos bancos dedicados a empréstimos locais, grupos de desenvolvimento de negócios locais e redes de financiadores de negócios conjuntos locais.

As redes de trocas e as várias formas de certificados e moedas locais também são vitais. Essas técnicas de negociação simples e diretas são tão antigas quanto as comunidades humanas e amplamente usadas nas sociedades tradicionais e setores informais no mundo todo.[43] As adaptações no Ocidente incluem a Time Store de Cincinnati, um café típico do tipo "intercâmbio de trabalho e habilidades" que operava no fim da década de 1890, e a moeda "constant", lastreada em mercadorias que foi criada por Ralph Borsodi e circulou em Exeter, New Hampshire, na década de 70.[44] Hoje, reaprendemos que qualquer país cuja moeda nacional oficial esteja pouco valorizada pode aderir ou iniciar esses clubes de trocas. A NEF, seus fundadores e associados continuam promovendo economias e moedas locais, documentadas no livro de David Boyle, *Funny Money*. As comunidades locais podem se engajar em tantos grupos de troca quantos necessários, inclusive intercâmbios high-tech, usando computadores pessoais, sistemas de negociações locais e muitos tipos de moedas certificadas que circulam atualmente em cidades dos EUA, Europa e outros países da OECD.

Essas ferramentas podem complementar as moedas nacionais escassas onde a política monetária é mal concebida ou restritiva demais de modo a ajudar a compensação nos mercados locais, empregar pessoas do local e lhes oferecer alternativas de poder de compra no local. Na verdade, durante a Grande Depressão, essas moedas locais em cada estado e na maioria das cidades dos EUA ajudaram as comunidades locais a sobreviver, conforme documentado na obra de Mitchell e Shafer, *Depression Scrip of the United States* (1984). As coalizões locais também podem boicotar as cadeias varejistas globais, que podem prejudicar os comerciantes locais com preços mais baixos. Muitas comunidades dos EUA têm pressionado com sucesso os conselhos locais dos condados e das cidades para que se oponham às grandes lojas e shopping centers, os quais drenam os negócios locais e com freqüência exigem diminuição de impostos. Muitas localidades dos Estados

ALÉM DA GLOBALIZAÇÃO 135

Unidos proíbem essas evasões de seus impostos locais e, ao contrário, aplicam taxas de impacto. Os incorporadores imobiliários deveriam lançar títulos a fim de pagar sua parte justa do fornecimento de novas estradas, esgotos, política, treinamento contra incêndios e serviços sociais necessários aos novos residentes. Quando os empresários incitam a competição de uma jurisdição contra outra (um artifício comum até entre países), as coalizões locais freqüentemente tratam de educar ou eliminar os membros do conselho local com campanhas contra o crescimento desordenado da cidade e adesivos de protesto como "O crescimento Desordenado Eleva os Impostos".

Nível Seis: A Sociedade Civil

Como já mencionado, os cidadãos e seus movimentos — organizações sem fins lucrativos ou OSCs — operando em todos os níveis da sociedade humana, do global ao local, são reconhecidos atualmente como setores distintos dos mercados e governos. Esses dois setores, o "público" e o "privado", dos livros-texto de política e economia agora mudam de lugar, à medida que o terceiro setor ocupar seu lugar de direito nos negócios humanos. Os cursos universitários estudam esses setores; os políticos os cortejam; os governos e as corporações aprenderam a respeitá-los. Até mesmo o Banco Mundial, em um estudo não publicado, *Além do Consenso de Washington: As Instituições são Importantes* (*Beyond the Washington Consensus: Institutions Matter*, 1998), finalmente admitiu que o "capital humano", as organizações civis, estruturas sociais, culturas familiares e valores devem ser estudados e considerados no desenvolvimento econômico.

A sociedade civil é a base das inovações sociais cobertas pelo movimento *Sarvodya Shramadana* em mais oito mil aldeias no Sri Lanka; a Associação de Consumidores de Penang e a Terceira Rede Mundial na Malásia; os vinte mil membros do Comitê de Luta para o Fim da Fome no Senegal; a PAMALAKAYA, um grupo filipino de cinqüenta mil pescadores que preservam os pesqueiros locais; e a DECA Equi-

136 ALÉM DA GLOBALIZAÇÃO

Figura 5
A Nova "Economia da Atenção"

- Na medida em que as economias baseadas na informação mudam para serviços, o tempo e a atenção tornam-se tão valiosos quanto o dinheiro

NOVAS OPÇÕES

- As pessoas procuram novos desafios, experiências, crescimento pessoal e qualidade de vida.
- Muitas optam por menos renda e stress urbano — mais tempo com amigos e com a família, envolvimento com a comunidade, hobbies.
- Os produtos materiais tradicionais (mesmo carros, computadores, videocassetes etc.) tornam-se commodities.
- Os serviços crescem como % do PNB (música, cinema, lazer, esportes, eventos, educação, artes em geral etc.).

---

po Pueblo, Independência, México, e sua newsletter *O Outro Lado do México* (*The Other Side of Mexico*). Nos EUA os setores sem fins lucrativos representam 7% do PIB. Os grandes grupos ambientais são grandes empreendimentos, como o Fundo de Defesa Ambiental (*Environmental Defense Fund*), com uma receita de US$ 22 milhões; o Conselho de Defesa de Recursos Naturais (*Natural Resources Defense Council*), com uma receita de US$ 27,9 milhões em 1996; e o Greenpeace, com uma receita, em 1996, de US$ 22,9 milhões). Os movimentos da sociedade civil ajudaram a democratizar o Chile e a Argentina, da mesma forma como o Movimento Solidariedade fez na Polônia e a "Revolução de Veludo (*Velvet Revolution*) na Tchecoslováquia. As cooperativas de consumidores, inclusive Seikatsu do Japão e as cooperativas de produtores, como a de Mondragon da Espanha, tornaram-se modelos para muitas outras. Outras cooperativas se tornaram dominantes, como a Associação Central de Produtores de Leite da Suíça, a MIGROS e a COOP de varejistas. A ONU apóia há muito as organizações de cidadãos que defendem a sua Carta de Fundação e as suas metas. Há Associações para as Nações Unidas na maioria dos

ALÉM DA GLOBALIZAÇÃO   **137**

países e milhares de OSCs credenciadas para trabalhar com a ONU e oficialmente reconhecidas pelo ECOSOC, pelo Departamento de Informações Públicas, pelo Serviço de Liaison Não-Governamental, pela UNESCO, pela UNIFEM (que apóia os direitos e progresso das mulheres) e pela agência de Voluntários das Nações Unidas.

Os cidadãos e suas organizações, como já mencionado, têm competências e experiências específicas, agora reconhecidas, para fornecerem feedback vital a todas as formulações de decisões. Este conhecimento freqüentemente é reconhecido como capaz de fornecer perspectivas de interesse público menos preconceituosas do que muitas informações de corporações, que necessariamente servem a si mesmas, ou até de governos e documentos oficiais. Freqüentemente, os esforços das OSCs de avaliação independente sobre reivindicações científicas e novas tecnologias acabam mais tarde se verificando ou são comprovados pelos eventos bem como seus impactos sobre a sociedade e sobre os ecossistemas. Uma vez que este livro visa os esforços dos movimentos de cidadania e das OSCs, esta seção contém informações de contatos com alguns grupos representativos dos milhares que agora trabalham em todos os países para reformularem a economia global. Outros elencos e fontes de referências de OSCs por países incluem aqueles da Civicus, uma rede não lucrativa existente em muitos países, as agências da ONU mencionadas acima e milhares de sites existentes na rede mundial que podem ser acessados através das ferramentas de busca da Internet.

Há poucas barreiras à crescente influência das OSCs na promoção de uma economia global ecologicamente sustentável e mais pacífica e eqüitativa do que os monopólios da mídia comercial de hoje. Essas corporações gigantescas dominam a televisão, o rádio, os jornais e os serviços de comunicação sem fio. Essas organizações, juntamente com muitos outros interesses comerciais, estão se apossando da Internet. Este tipo de "poder de censura" comercial não só impede as comunicações de pessoa a pessoa como suprime informações vitais. Esses impérios da mídia voltados para a propaganda promovem produtos danosos e propaganda enganosa das corporações; retratam

138 ALÉM DA GLOBALIZAÇÃO

comportamento desaconselhável como entretenimento; corroem a auto-imagem; freqüentemente glorificam a violência e a pornografia; e também promovem padrões de consumo insustentáveis e esbanjadores e o consumismo mundial. As corporações de mídias privadas aceitam poucas responsabilidades sociais explícitas e se ocultam por detrás de slogans sobre "liberdade de expressão e de imprensa". Muitos meios de comunicação operados pelos governos são usados como porta-vozes para promover opiniões e políticas oficiais. Ambos "gerenciam" notícias e repassam *press releases* e sumários poucos criteriosos — muitas vezes exacerbando conflitos e dando caráter sensacionalista à cobertura de guerra.

No âmago das atividades das OSCs está a promoção de alternativas de políticas, pontos de vista, estilos de vida, críticas culturais e novas visões e cenários de futuros possíveis e desejáveis. Na atualidade, as OSCs são meios de comunicação instruídos e freqüentemente estrategistas de comunicação sofisticados. Eles compreendem a política das imagens, do teatro, da arte e da música e as usam para "incutir a cultura", como na repetição incansável dos comerciais e publicidade da Adbusters, sediada em Vancouver, e suas difundidas comemorações dos "Dias em que Nada se Compra" das quais milhões participam agora.[45]

Outras abordagens destacam os efeitos muitas vezes danosos da publicidade; o Relatório do Desenvolvimento Humano (*Human Development Report*) de 1998, da UNDP, enfocado no consumo de Norte a Sul, cita muitas atividades e grupos de OSCs que trabalham nessas questões. Uma proposta que circula atualmente nos EUA é "a provisão pela verdade na publicidade" (p. 91) que retiraria um pouco da dedutibilidade dos impostos das despesas de publicidade das corporações (igualmente para todos, por questão de justiça), colocando esses fundos em uma conta especial separada para garantir a veracidade das declarações publicadas. As OSCs que monitoram a publicidade comercial da mídia poderiam assinalar os violadores e aplicar o fundo de reserva para preparar publicidade contrária, em conjunto com produtores da mídia e TV independentes. A contra-publicidade,

ALÉM DA GLOBALIZAÇÃO **139**

quando preparada pelas OSCs (não pelas agências governamentais) comprovou ser altamente efetiva, tal como os anúncios antitabaco nos EUA planejados por adolescentes ex-fumantes.

A mídia centrada nas OSCs e no acesso público, principalmente a TV (devido aos seus custos), foi lenta em seu desenvolvimento. Hoje, as revistas alternativas, *newsletters*, rádio e a TV de acesso público estão florescendo — juntamente com o crescimento da sociedade civil alimentada pela crescente desconfiança em relação aos governos e às corporações. Os exemplos incluem a INTERPRESS SERVICE, uma agência de notícias sem fins lucrativos dirigida pela Sociedade para o Desenvolvimento Internacional, em Roma, com escritórios no mundo todo e associada a centenas de jornais importantes em vinte e sete idiomas. A Young Asia Television (YATV) fundada pelo âncora de TV norueguês, Arne Fjortoft, distribui programação na Ásia; a Television for the Environment (TVE) sediada em Londres, produziu e distribuiu muitos programas em associação com OSCs; e a Bullfrog Films dos EUA, que agora é um distribuidor de programas de TV produzidos por milhares de OSCs. Centenas de produtores independentes cujos filmes e programas de TV cobrem importantes questões públicas e desvendam escândalos burocráticos e empresariais sobrevivem às margens dos monopólios da mídia.

Nós, dos países da OECD, estamos bem na nova era da "Idade da Informação". Estamos seguindo para a Idade do Conhecimento, onde a escassez do tempo e da atenção humana, assim como os ecossistemas vivos, são reconhecidos como mais valiosos do que o dinheiro. Ao mesmo tempo, vivemos em "midiocracias" onde poucos controlam a atenção de bilhões de pessoas — para o melhor ou para o pior — algo que mudou a política para sempre. Já estamos vivendo na nova Economia da Atenção,[46] (veja Figura 5, "A Nova Economia da Atenção") em sociedades com Déficit de Atenção onde cada um de nós é bombardeado com sobrecargas de informações de anunciantes, mídia, políticos, professores, provedores de assistência à saúde, sem mencionar os e-mails inúteis. A boa notícia é que isto está forçando a nos voltarmos para dentro de nós mesmos e fazer algu-

140 ALÉM DA GLOBALIZAÇÃO

mas perguntas básicas: Em que quero prestar atenção? Quem sou eu e o que quero que seja escrito em minha lápide? Essas reações defensivas básicas definirão os setores crescentes de nossa nova Economia da Atenção e ditarão a inexorável transição dos produtos materiais (medidos pelos tradicionais PNB/PIB per capita) para serviços e fatores mais intangíveis de padrão de vida, medidos pelos novos Indicadores de Qualidade de Vida. À medida que nossas economias se desmaterializem, será mais difícil para os governos darem ênfase ao aumento do PIB baseado em mercadorias desperdiçadas na economia global sem medir também os resíduos tóxicos, o esgotamento dos recursos, os suprimentos de água mais suja e menos abundante, o ar poluído, as ruas inseguras, as drogas, a lavagem do dinheiro, a pobreza e as epidemias globais.

Nos países maduros da OECD, o fator limitante agora é o tempo em vez do dinheiro. Cada dia tem apenas vinte e quatro horas e por exemplo, nos Estados Unidos, o cidadão médio já gasta 9 horas e meia por dia (versus 7 horas e meia nos anos 80) assistindo TV, filmes, na Internet e assim por diante. Se o PIB fosse reclassificado e recalculado para os EUA e países similares da OECD, veríamos que esses setores de informação/serviços já são dominantes. Por exemplo, a mídia e entretenimento de massa formam uma porcentagem crescente do comércio global e o turismo é o maior setor industrial do mundo com 10% do PIB global. Num movimento de reação, 28% dos cidadãos norte-americanos estão "desistindo" — "desligando" essa cultura dominante de sobrecarga de informações e valores voltados para um dispendioso consumismo.[47] Esses cidadãos preferem ter tempo livre com menos renda e mudar para cidades rurais menos caras e mais tranqüilas, onde a vida é mais lenta e as comunidades ainda estão intactas. Os consumidores buscam suas próprias (e não a dos anunciantes) definições de "qualidade de vida". Essas características da Economia da Atenção incluem o interesse por mais serviços de saúde baseados na atenção e carinho, dirigidos para o autoconhecimento, prevenção e bem-estar, bem como produtos mais limpos e "mais verdes", rotulagem ecológica e selos de aprovação "social".

ALÉM DA GLOBALIZAÇÃO **141**

Finalmente, é imperativo que ao menos uma rede global de TV/Internet, e possivelmente outras sejam dedicadas ao intercâmbio de informações sobre os muitos caminhos para o desenvolvimento sustentável. Atualmente, a TV de acesso público e multicultural é uma realidade (www.wetv.com). Novamente, aqui o Canadá assumiu a liderança global lançando a WETV (o 'WE' [nós] "significa: Nós o Povo" e "Toda a Terra" ['Whole Earth']). As larguras de banda cada vez maiores, juntamente com demanda pública exigindo conteúdo de mais utilidade, entretenimento de qualidade, educação, programação para crianças e assuntos comunitários significam que a TV de acesso público é agora mais viável do que nunca. Sediada em Ottawa, a WETV, uma rede civil privada de acesso público com operações multimídia no estado-da-arte, está agora em trinta e um países, fornecendo programação para o desenvolvimento humano — permitindo a auto-expressão das OSCs e os assuntos comuns locais e globais.

Estamos aprendendo que a diversidade cultural é tão importante quanto a biodiversidade, e que ambas são as bases da riqueza das nações. A WETV cresce multiculturalmente através de troca de programas, participação mútua e parcerias com a mídia similar. Financiada por programas de ajuda humanitária de sete países (Escandinávia, Holanda, Suíça e Áustria, lideradas pela IDRC e CIDA do Canadá), a WETV obteve diretos para todos os programas de televisão da ONU e está contratando muitos produtores de serviços públicos locais. Atualmente, está abrindo seu capital para empresas e investidores privados socialmente responsáveis, que aceitam o código de conduta e padrões elevados da WETV para todos os parceiros do setor privado. A proposta da WETV de participação eqüitativa por parte dos grupos cívicos e OSCs que fornecem programação para distribuição pela WETV é ainda mais inovadora. Este tipo de direito a quotas de capital da companhia tanto fornece incentivos aos acionistas da OSC para criar audiência como as beneficia com dividendos quando a WETV obtiver lucros. Finalmente, a WETV está lançando um seriado de TV, "O Mercado Ético", cobrindo as empresas e investidores socialmente

142 ALÉM DA GLOBALIZAÇÃO

responsáveis, as tecnologias "verdes", a responsabilidade e auditoria social, os códigos de conduta das corporações e o estabelecimento de padrões éticos globais. Esses híbridos criativos como a WETV são típicos das companhias baseadas na Era da Informação e podem ajudar a fazer da televisão um instrumento positivo para exibição de soluções comuns locais e criação de rede global de economias sustentáveis e saudáveis controladas localmente.[48]

Nível Sete: Famílias-Indivíduos

Nós, humanos, somos uma família e somos dependentes da evolução das formas de vida de Gaia (como os gregos denominavam sua Deusa da Terra). A hipótese de Gaia, de James Lovelock e Lynn Margulies, de que a própria Terra é um organismo vivo, é amplamente aceita.

Como mostram muitas pesquisas sobre a nossa pré-história, as sociedades humanas primitivas e neolíticas adoravam a Terra como nossa mãe. São inúmeras as teorias sobre como esse foco matriarcal, que freqüentemente produz sociedades gentis, foi lentamente se transformando nos padrões de domínio/submissão dos estados-nação patriarcais competitivos e voltados para conflitos de hoje. Os especialistas em diplomacia e política, em estudos militares e de paz, os políticos, as OSCs que trabalham para a paz, justiça e sustentabilidade, todos enfim devem enfrentar essas grandes questões da natureza humana, biologia, ou evolução — todos os dias.[49] A competição, a constante suspeição em relação ao próximo, o modo de pensar "nós versus eles" são coisas inatas ou aprendidas? Nossas respostas a essas questões básicas formam a base de nossas estratégias de autodefesa, segurança, alianças e tratamento de conflitos — quer seja sobre recursos, etnias, religiões, raças, sexos ou modos diferentes de ver o mundo.

Muitos consideram nosso planeta como uma espécie de escola, onde os seres humanos podem aprender as lições que necessitam para crescer em conhecimento, compreensão e até mesmo sabedoria. Sabemos que as sociedades humanas crescem — existem seis bilhões co-

ALÉM DA GLOBALIZAÇÃO 143

mo nós — mas como podem dar continuidade da melhor forma aos 15 bilhões de anos de experiência evolutiva aqui na Terra? Somos agora, quer admitamos ou gostemos ou não, uma espécie global. Mas ainda não temos a garantia de um futuro sustentável, ou de qualquer futuro, se não pudermos controlar as forças tecnológicas que, coletivamente, desencadeamos — energia nuclear, armas químicas e biológicas. Devemos abolir esses novos meios de destruição e transformar a tecnologia em um bem positivo. Os satélites, a mídia de massa, o espaço cibernético global e nossos novos conhecimentos de biologia e ecologia ainda podem ser redesenhados e redirigidos para servirem ao nosso futuro comum.

Uma coisa sabemos: as sociedades humanas estão sofrendo uma reestruturação e mudança global aceleradas. Nós, humanos, estamos nos aproximando de nosso exame final sobre a Terra. Se não pudermos aprender a coexistir e viver com outras espécies dentro das regras biosféricas, seremos extintos. A vida prosseguirá sem nós. Quantidades sem precedentes de pessoas vêem agora que a cooperação global e as novas formas de administração global são essenciais. Muitos de nós atualmente examinam sua própria vida, família e relacionamentos, renegociando-os no sentido de parcerias mais colaboradoras. À medida que aprendemos sobre nossa vida e motivações interiores, muitos examinam tradições espirituais novas e antigas e aprendem sobre a paz interior.

Nossa tarefa essencial é aprender a viver sabiamente e em harmonia com a natureza. Ao mesmo tempo em que conquistamos mais poder para nós mesmos e nossas comunidades, aprimoramos nossas habilidades de pesquisa e aperfeiçoamos a maquinaria da participação pública, da democracia e do autogoverno, precisamos ampliar nossa conscientização e compreensão. Como superar os instrumentos de sobrevivência anteriormente úteis, como o temor da escassez, o "outro", o pouco familiar e nossa própria morte?

Hoje estamos aprendendo que todos os nossos esforços de ajuda à luta contra as injustiças, à redução da pobreza e à reforma da economia global para que ela sirva às pessoas, dentro de padrões mais elevados de desenvolvimento humano e ética da Terra, todos esses esforços começam em casa — com nós mesmos. O ex-ministro da cultura da Rússia e sociólogo de Harvard, Pitirim Sorokin, citou em seu último livro, *Os Caminhos e o Poder do Amor* (*The Ways and Powers of Love*, 1953), o paleontologista/teólogo francês, Pierre Teilhard de Chardin: "quando os seres humanos descobrirem verdadeiramente o poder do amor, terão descoberto algo mais importante que o fogo".

Notas

1. M. Olsen, "The Logic of Collective Action" (Cambridge: Harvard University Press, 1965).

2. A redefinição das organizações de cidadania é crucial agora, já que a OMC define a IBM, Microsoft, GM e outras corporações globais como "ONGs".

3. H. Henderson, "Social Innovation and Citizen Movements" (Inovação Social e Movimentos dos Cidadãos), *Futures* 25, 1993.

4. Veja, por exemplo, a *Earth Charter* (Carta da Terra), que circulou no mundo todo depois da Reunião de Cúpula ONU sobre a Terra, em 1992, pelo Conselho da Terra sediado na Costa Rica (www.ecouncil.ac.cr) e muitas outras iniciativas semelhantes.

5. Richard Falk, *Law in an Emerging Global Village* (A Lei em uma Aldeia Global Emergente) (Ardsley, NY: Transaction Publishers, 1998).

6. H. Henderson e A. Kay, "A United National Security Insurance Agency", *Futures*, fevereiro de 1995.

7. Kaul, Grunberg e Stern, orgs., *Global Public Goods* (Bens Públicos Globais). UNDP (Nova York e Oxford: Oxford University Press, 1999).

8. Veja, por exemplo, M. Wackernagel e W. Rees, *Our Ecological Footprint* (Nossa Pegada Ecológica) (Columbia Britânica: New Society Publishers, 1996).

9. G. Chichilnisky, "Development and Global Finance, The Case for an International Bank for Environmental Settlements" (Desenvolvimento e Finanças Globais, O Caso de um Banco Internacional para Liquidações Ambientais), UNDP, 1997.

10. *The Economist,* 14 de agosto de 1999, pp. 17-20, "Helping the World's Poorest (Ajuda aos Mais Pobres do Mundo).

11. H. Henderson, *Construindo um Mundo Onde Todos Ganhem* (*Building a Win-Win World: Life Beyond Global Economic Warfare*, San Francisco: Berrett-Koehler Publishers, 1996).

ALÉM DA GLOBALIZAÇÃO **145**

12. Veja, por exemplo, H. Henderson, "The Breaking Point" (O Ponto de Ruptura), *Australian Financial Review,* pp. 1-9, 4 de dezembro de 1998.

13. Rede Online da BBC, Londres, 30 de outubro de 1998.

14. "Declaração dos Ministros das Finanças e dos Governadores de Bancos Centrais do G-7", Press Release do Tesouro dos EUA, 30 de outubro de 1998, e observações de Alan Greenspan, "A Estrutura do Sistema Financeiro Internacional", reunião anual das Indústrias do Setor de Valores, Boca Raton, Fla., 5 de novembro de 1998.

15. *The Economist,* 23 de janeiro de 1999, p. 69, Argentina.

16. *Global Public Goods,* p. 152.

17. *Building a Win-Win World,* caps. 12-13 de H. Henderson e V. Summers, e "When Financial Markets Work Too Well: A Cautious Case for a Financial Transaction Tax" (Quando os Mercados Financeiros Funcionam Bem Demais: O Caso Precavido de uma Taxa de Transação Financeira) de L. Summers, *Journal of Financial Services,* nº 3.

18. "Paying for Peace and Development" (Pagando pela Paz e Desenvolvimento), de R. P. Mendez, *Foreign Policy,* nº 100 (outono de 1995).

19. "A Foreign Exchange Trade Reporting System" (Um Sistema de Relatório do Comércio de Moedas Estrangeiras), de H. Henderson e Alan F. Kay, *Futures,* outubro de 1999, Elsevier Science, Reino Unido.

20. H. Henderson, org., com H. Cleveland e I. Kaul, "The UN: Policy and Financing Alternatives" (As Nações Unidas: Alternativas Financeiras e de Políticas), *Futures,* março de 1995, Elsevier Scientific, Reino Unido; edição dos EUA: Washington, DC: Global Commission to Fund the UN.

21. "Global Capitalism: Making It Work" (Capitalismo Global: Como Fazê-lo Funcionar), de J. Sachs, *The Economist,* 12 de setembro de 1998.

22. H. Henderson e A. F. Kay, *Futures,* maio de 1996, Elsevier Scientific, Reino Unido.

23. *Business Week,* 8 de fevereiro de 1999, pp. 64-77, e *The Economist,* seção "Global Finance", 30 de janeiro de 1999.

24. Comissão do Sul, *The Challenge to the South: An Overview and Summary of the South Communism Report* (O Desafio do Sul: Uma Visão Geral e Resumo do Relatório sobre o Comunismo ao Sul) (Genebra, Suíça: Comissão do Sul, 1990).

25. Veja "Democratizing Global Finance: Civil Society Perspectives on People-Centered Economics" (Democratização das Finanças Globais: Perspectivas da Sociedade Civil sobre a Economia Centralizada na Pessoa) (julho de 1999), Serviço de Liaison Não-Governamental da ONU, reunião da NGLS, nº 38, e relatório da conferência em www.focusweb.net.

26. O modelo de Robert Mundell e J. Marcus Fleming (Documentos do Staff do IMF, 1962) mostrou essencialmente que a fiscalização dos governos e

146 ALÉM DA GLOBALIZAÇÃO

bancos centrais sobre as economias não podem manter simultaneamente a independência de suas políticas monetárias domésticas, taxas de câmbio estáveis e fluxos de capital global sem controle.

27. "The Crisis of Global Capitalism" (A Crise do Capitalismo Global), de G. Soros, *Public Affairs* (1998).

28. "The Crisis of Global Capitalism", de G. Soros, p. 177.

29. *The Economist*, 10 de outubro de 1998, p. 18.

30. *Toward a New International Financial Architecture* (Para uma Nova Arquitetura Financeira Global) de B. Eichengreen (City Institute for International Economics, 1999). Um resumo útil da maioria das propostas atuais.

31. "Reforming the Privatized International Monetary System" (Reforma do Sistema Monetário Internacional Privatizado) de J. D'Arista e T. Schlesinger, *FOMC Alert* 2, #7-8 (1998), Financial Markets Center. Um jornal indispensável sobre questões financeiras globais, www.fmcenter.org.

32. *The Economist*, 21 de agosto de 1999, p. 17.

33. Veja, por exemplo, de H. Henderson, "Introduce Green Taxes" (Introdução de Taxas Verdes), *Christian Science Monitor*, 6 de julho de 1990.

34. *Economic Reform*, agosto de 1999, Toronto, Canadá.

35. "A Foreign Exchange Transaction Reporting System", de H. Henderson e A. F. Kay, *Futures*, 31 de outubro de 1999.

36. H. Henderson e A. F. Kay, *Futures*, maio de 1996.

37. Veja, por exemplo, relatórios do NEF e "Transnational Corporation and Global Citizenship" (Corporação Transnacional e Cidadania Global), de H. Henderson (Genebra: Instituto de Pesquisas das Nações Unidas sobre Desenvolvimento Social, 1996).

38. *Press release*, "Secretary-General Proposes Global Compact on Human Rights, Labour Environment", discurso em Davos, Suíça, 31 de janeiro de 1999, SG/SM/6881/Rer. United Nations, Nova York.

39. *The Politics of the Solar Age*, de H. Henderson (Garden City, NY: Anchor Press/Doubleday, 1981).

40. "The Disappearing Taxpayer" (O Desaparecimento do Contribuinte), *The Economist*, 31 de maio de 1997, p. 15.

41. *Gaviotas: A Village to Reinvent the World* (Gaviotas: Uma Vila para Reinventar o Mundo), de A. Weisman (White River Junction, Vt.: Chelsea Green Publishing, 1998).

42. Relatório do Conselho de Presidentes sobre Desenvolvimento Sustentável, maio de 1999. "Towards a Sustainable America" (Para uma América Sustentável), Washington, DC, www.whitehouse.gov/pcsd.

43. Veja, por exemplo, J. Gelinas, *Freedom from Debt: The Reappropriation of Development Through Financial Self-Reliance* (Libertação do Débito: A Reapro-

ALÉM DA GLOBALIZAÇÃO **147**

priação do Desenvolvimento por meio da Autoconfiança), Londres: Zed Books, 1998.

44. *Creating Alternative Futures* (Criação de Futuras Alternativas), de H. Henderson (West Hartford, Conn.: Kumarian Press, 1978, 1996). *Small is Beautiful* (O Negócio é Ser Pequeno), de E. F. Schumacher, Nova York: Harper & Row, 1973).

45. WorldPaper, agosto de 1999 (Publicado em seis idiomas, mundialmente), Boston, Mass., www.worldpaper.com.

46. *Building a Win-Win World*, de H. Henderson, Cap. 5. Este termo foi acolhido por Arthur Andersen e *Wired*, abril, 1998.

47. Merck Foundation, Harwood Group, Silver Spring, Md., 1995.

48. A autora presta serviços no Conselho Consultivo de Negócios da WETV e é Diretora do Conselho Editorial para a série de TV "The Ethical Marketplace".

49. Veja, por exemplo, *Power and Sex* (Poder e Sexo), de S. Elworthy (Oxford: The Oxford Research Group, 1996).

Lista dos Tratados Internacionais

Nota: Os tratados contidos nesta lista são os tratados principais citados no texto. Os leitores que desejarem podem consultar o site mantido na Internet pelo Consortium Information Network (CIESIN) for International Earth Science (Rede de Informações Consorciadas (CIENSIN) de Ciência Internacional sobre a Terra) para obterem mais informações detalhadas sobre a situação dos tratados: (sedac.ciesin.org/pidb/pidb-home.html).

1954	International Convention for the Prevention of Pollution of the Sea by Oil (Convenção Internacional para a Prevenção de Poluição do Mar pelo Petróleo). Em vigor em 26 de julho, 1958. Emendado em 1962, 1969.
1958	Convention on the High Seas (Convenção sobre o Alto-Mar) (Genebra). Em vigor em 30 de setembro de 1962.
1958	Convention on the Continental Shelf (Convenção sobre a Plataforma Continental) (Genebra). Em vigor em 10 de junho de 1964.
1958	Convention on Territorial Sea and the Contiguous Zone (Territorial Seas Convention) (Convenção sobre o Mar Territorial e Zonas Contíguas) (Genebra) Em vigor em 10 de setembro de 1964.
1958	Convention on Fishing and Conservation of the Living Resources of the High Seas (Conservation Convention) (Convenção sobre a Pesca e Recursos Vivos dos Oceanos) (Convenção sobre Conservação) (Genebra). Em vigor, em 20 de março de 1966.
1959	Antarctic Treaty (Tratado da Antártida) (Washington). Em vigor em 23 de junho de 1961.

LISTA DOS TRATADOS INTERNACIONAIS 149

1964   Agreed Measures for the Conservation of Antarctic Fauna and Flora (Agreed Measures) (Medidas Acordadas para a Conservação da Fauna e da Flora da Antártica) (Medidas Acordadas) (Bruxelas). Em vigor em 1º de novembro de 1982.

1967   Treaty on Principles Governing the Activities of States in the Exploration and Use of Outer Space, Including the Moon and Other Celestial Bodies (Tratado sobre Princípios de Governo das Atividades dos Estados na Exploração e Uso do Espaço Exterior, Inclusive a Lua e Outros Corpos Celestes - Tratado do Espaço Exterior). Em vigor em 10 de outubro de 1967.

1968   Agreement on the Rescue of Astronauts, the Return of Astronauts, and the Return of Objects Launched into Outer Space (Acordo sobre Resgate de Astronautas, Retorno de Astronautas e Retorno de Objetos Lançados no Espaço Exterior). Em vigor em 3 de dezembro de 1968

1969   International Convention of Civil Liability for Oil Pollution Damage (Convenção Internacional sobre Responsabilidade Civil por Danos de Poluição por Petróleo) (Bruxelas). Em vigor a 19 de junho de 1975. Protocolo de 1976 em vigor em 8 de abril de 1981.

1969   International Convention Relating to Intervention on the High Seas in Cases of Oil Pollution Casualties (Convenção Internacional Relativa à Intervenção no Alto-Mar em Casos de Ocorrência de Poluição por Petróleo) (Bruxelas). Em vigor em 6 de maio de 1975. Protocolo de 1973 em vigor em 30 de março de 1983.

1971   Convention on the Establishment of an International Fund for Compensation for Oil Pollution Damage (Convenção sobre o Estabelecimento de um Fundo Internacional de Compensação devido a Danos de Poluição por Petróleo) (Bruxelas). Emendado em 1976, não vigorando. Em vigor em 16 de outubro de 1978. Protocolo de 1984 não vigorando.

1972   Convention for the Conservation of Antarctic Seals (Seal Convention) (Convenção para a Conservação das Focas da Antártida) (Londres). Em vigor em 11 de março de 1978.

1972   Convention for the Prevention of Marine Pollution by Dumping from Ships and Aircraft (Oslo Convention) (Convenção para a

150 ALÉM DA GLOBALIZAÇÃO

Prevenção de Poluição Marinha por Dejetos dos Navios e Aviões - Convenção de Oslo). Em vigor em 7 de abril de 1974. Emendada em 2 de março de 1983, em vigor em 1º de setembro de 1989. Protocolo de 1989 não vigorando.

1972   Convenção sobre Responsabilidade Internacional por Danos Causados pelos Objetos Espaciais (Convenção de Responsabilidade). Em vigor em 9 de outubro de 1973.

1972   Convention on the Prevention of Marine Pollution by Dumping of Wastes and Other Matter (Convenção de Londres), (Convenção sobre Prevenção de Poluição Marinha por Despejo de Resíduos e Outros Materiais). Em vigor em 30 de agosto de 1975. Emenda em 1978, em vigor em 11 de março de 1989. Emenda em 1989 não vigorando.

1973   International Convention for the Prevention of Pollution from Ships (MARPOL). (Convenção Internacional para a Prevenção de Poluição Decorrente dos Navios). Emendada pelo Protocolo de 1978 antes de entrar em vigor. Em vigor em 2 de outubro de 1983.

1973   Convention on International Trade in Endangered Species of Wild Fauna and Flora (CITES), (Convenção sobre Comércio Internacional de Espécies da Flora e Fauna Selvagens Ameaçadas de Extinção), (Washington). Em vigor em 1º de julho de 1975.

1974   Convention on the Protection of the Marine Environment of the Baltic Sea Area (Convenção sobre a Proteção do Meio Ambiente Marinho da Área do Mar Báltico) (Helsinki). Em vigor em 3 de maio de 1980.

1974   Convention on Registration of Objects Launched into Outer Space (Registration Convention). (Convenção sobre o Registro de Objetos Lançados no Espaço Exterior). (Convenção sobre Registro). Em vigor em 15 de setembro de 1976.

1978   Protocolo Relacionado à Convenção para a Prevenção de Poluição Provocada pelos Navios (MARPOL). Em vigor em 2 de outubro de 1983.

1979   Agreement Governing the Activities of States on the Moon and Other Celestial Bodies (Moon Treaty). (Acordo Governando as Atividades dos Estados na Lua e em Outros Corpos Celestes) (Tratado sobre a Lua). Em vigor em 11 de julho de 1984.

LISTA DOS TRATADOS INTERNACIONAIS **151**

1979   Convention on the Conservation of European Wildlife and Natural Habitats (Convenção sobre Conservação da Vida Selvagem e Habitats Naturais Europeus) (Berna). Em vigor em 1º de junho de 1982.

1979   Convention on Long-Range Transboundary Air Pollution (Convenção sobre Poluição de Ar Transfronteira a Longo Prazo) (Genebra). Em vigor em 16 de março de 1983.

1979   Convention on the Conservation of Migratory Species of Wild Animals. (Convenção sobre a Conservação das Espécies Migratórias de Animais Servagens, Bonn). Em vigor em 1º de novembro de 1983.

1980   Convention on the Conservation of Antarctic Marine Living Resources (CCAMLR, Southern Ocean Convention) (Convenção sobre a Conservação dos Recursos Naturais Marinhos da Antártida) (CCAMLR, Convenção sobre Oceanos do Sul) (Canberra). Em vigor em 7 de abril de 1982.

1980   Memorandum of Intent Between Canada and the United States Concerning Transboundary Air Pollution. (Memorando de Entendimento Entre Canadá e Estados Unidos sobre Poluição do Ar Transfronteiras).

1980   Protocol for the Protection of the Mediterranean Sea against Pollution from Land-Based Sources (Protocolo para a Proteção do Mar Mediterrâneo contra a Poluição de Origem Terrestre) (Atenas). Em vigor em 17 de junho de 1983.

1982   Memorandum of Understanding on Port State Control (Memorando de Entendimento sobre Controle Estadual dos Portos) (Paris).

1982   United Nations Convention on the Law of the Sea (Law of the Sea Treaty). (Convenção das Nações Unidas sobre a Lei dos Mares) (Tratado sobre a Lei dos Mares). Em vigor em 16 de novembro de 1994.

1985   Protocol on the Reduction of Sulphur Emissions or Their Transboundary Fluxes by at Least 30 Percent (Helsinki Protocolo) (Protocolo Sobre a Redução de Emissões de Enxofre ou Seus Fluxos Transfronteiras em no Mínimo 30 por Cento) (Protocolo de Helsinki). Em vigor em 2 de setembro de 1987.

152 ALÉM DA GLOBALIZAÇÃO

1985 Convention for the Protection of the Ozone Layer (Vienna Convention) (Convenção para a Proteção da Camada de Ozônio) (Convenção de Viena). (Viena). Em vigor em 22 de setembro de 1988.

1987 Protocol (to 1985 Vienna Convention) on Substances That Deplete the Ozone Layer (Protocolo [para a Convenção de Viena de 1985] sobre Substâncias Que Destroem a Camada de Ozônio) (Protocolo de Montreal). Em vigor, em 1º de janeiro de 1989. Emendado em 1990 (Londres), em vigor em 10 de agosto de 1992. Emendado em 1992 (Copenhague), em vigor em 14 de junho de 1994.

1988 Protocol (to 1979 Geneva Convention) Concerning the Control of Emissions of Nitrogen Oxides or Their Transboundary Fluxes (Protocolo [à Convenção de Genebra de 1979] Concernente ao Controle de Emissões de Óxidos de Nitrogênio ou Seus Fluxos Transfronteiras (Protocolo de Sofia). Em vigor em 2 de fevereiro de 1991.

1988 Convention on the Regulation of Antarctic Mineral Resources Activities (CRAMRA) (Convenção sobre Regulamentação das Atividades na Área de Recursos Minerais da Antártida) (Wellington). Não vigorando.

1991 Protocol (to the Antarctic Treaty) sobre Proteção Ambiental (Environmental Protocol) (Protocolo [ao Tratado da Antártida] sobre Proteção Ambiental) (Protocolo Ambiental) (Madri). Não vigorando.

1992 Convention on Biological Diversity (Biodiversity Convention). (Convenção sobre Diversidade Biológica) (Convenção da Biodiversidade). Em vigor em 29 de dezembro de 1993.

1992 Framework Convention on Climate Change. (Convenção Estrutural sobre Mudança do Clima). Em vigor em 21 de março de 1994.

1994 Agreement Relating to the Implementation of Part XI of the United Nations Convention on the Law of the Sea of December 10, 1982. (Acordo Relacionado à Implementação da Parte XI da Convenção das Nações Unidas sobre a Lei do Mar de 10 de dezembro de 1982.) Em vigor em 16 de novembro de 1994.

LISTA DOS TRATADOS INTERNACIONAIS 153

1997   Convention on the Prohibition of the Use, Stockpiling, Production and Transfer of Anti-Personnel Mines and On Their Destruction. (Convenção sobre a Proibição do Uso, Estocagem, Produção e Transferência de Minas Prejudiciais às Pessoas e Sobre Sua Destruição.) Concluído em 18 de setembro de 1997.

1997   Protocolo de Kyoto para a Convenção Estrutural sobre Mudança do Clima. Em vigor em 11 de dezembro de 1997.

1998   Tampere Convention on the Provision of Telecommunications Resources for Disaster Mitigation and Relief Operations. (Convenção de Tampere sobre a Provisão de Recursos de Telecomunicações para Mitigação de Desastres e Operações de Socorro). Em vigor em 18 de junho de 1998.

1998   Convention on Access to Information, Public Participation in Decision-Making and Access to Justice in Environmental Matters (Convenção sobre Acesso à Informação e Participação do Público na Formulação de Decisões e Acesso à Justiça nas Questões Ambientais.) (Aarhus, Dinamarca). Em vigor em 25 de junho de 1998.

1998   Rome Statute of the International Criminal Court. (Estatuto de Roma da Corte Criminal Internacional.) Em vigor em 17 de julho de 1998.

1998   Rotterdam Convention for Certain Hazardous Chemicals and Pesticides in International Trade. (Convenção de Rotterdam para Certos Produtos Químicos e Pesticidas Perigosos Existentes no Comércio Internacional). Em vigor em 10 de setembro de 1998.

1999   Food Aid Convention (Convenção de Auxílio Contra Fome) (Londres). Concluída em 13 de abril de 1999.

Quadro 1

O Sistema das Nações Unidas

PRINCIPAIS ÓRGÃOS DAS NAÇÕES UNIDAS

- Corte Internacional de Justiça
- Secretaria
- Assembléia Geral
- Conselho Econômico e Social
- Conselho de Administração Fiducial
- Conselho de Segurança

- Comissões principais e temporárias
- Comitês permanentes e órgãos especiais
- Outros órgãos subsidiários e órgãos conexos

▲ OOPS
Organismo de Obras Públicas e Socorro para os Refugiados da Palestina e Oriente Próximo

■ OIEA
Organismo Internacional de Energia Atômica

▲ INSTRAW
Instituto Internacional de Investigações e Capacitação para a promoção da Mulher

▲ UNCTAD
Conferência das Nações Unidas sobre Comércio e Desenvolvimento

▲ PNUD
Programa das Nações Unidas para o Desenvolvimento

▲ PNUMA
Programa das Nações Unidas para o Meio Ambiente

▲ FNUAP
Fundo de População das Nações Unidas

▲ ACNUR
Escritório do Alto Comissariado das Nações Unidas para os Refugiados

▲ UNICEF
Fundo das Nações Unidas para a Infância

▲ UNITAR
Instituto das Nações Unidas para Formação Profissional e Investigação

▲ UNU
Universidade das Nações Unidas

▲ WFC
Conselho Alimentar Mundial

▲ PMA
Organização Conjunta NU/FAO Programa Mundial de Alimentos

• COMISSÕES REGIONAIS
Comissão Econômica para África (CEPA)

Comissão Econômica para Europa (CEPE)

Comissão Econômica para América Latina e Caribe (CEPAL)

Comissão Econômica e Social para Ásia e o Pacífico (CESAP)

Comissão Econômica e Social para Ásia Ocidental (CESPAO)

• COMISSÕES ORGÂNICAS
Comissão de Desenvolvimento Social

Comissão de Direitos Humanos

Comissão de Narcóticos

Comissão do Estatuto da Mulher

Comissão de População

Comissão de Estatísticas

• COMITÊS DO PERÍODO DE SESSÕES E COMITÊS PERMANENTES

• COMITÊS DE PERITOS, GRUPOS ESPECIAIS E ÓRGÃOS CONEXOS

■ OIT
Organização Internacional do Trabalho

■ FAO
Organização das Nações Unidas para a Agricultura e a Alimentação

■ UNESCO
Organização das Nações Unidas para a Educação, a Ciência e a Cultura

■ OMS
Organização Mundial de Saúde

Grupo do Banco Mundial
■ BIRD
Banco Internacional de Reconstrução e Desenvolvimento (Banco Mundial)

■ AIF
Associação Internacional de Fomento

■ CFI
Corporação Financeira Internacional

■ FMI
Fundo Monetário Internacional

■ OACI
Organização de Aviação Civil Internacional

■ UPU
União Postal Universal

■ UIT
União Internacional de Telecomunicações

■ OMM
Organização Meteorológica Mundial

■ OMI
Organização Marítima Internacional

■ OMPI
Organização Mundial de Propriedade Intelectual

■ FIDA
Organização Internacional de Desenvolvimento Agrícola

■ ONUDI
Organização das Nações Unidas para o Desenvolvimento Industrial

■ OMC
Organização Mundial do Comércio (ex GATT)

- Comitês de Estado Maior
- Comitês permanentes e órgãos especiais

Operações de Manutenção da Paz

▲ ONUCA
Grupo de Observação das Nações Unidas na América Central

▲ UNAVEM
Missão de Verificação da Angola das Nações Unidas

▲ UNDOF
Força de Observação de Desligamento das Nações Unidas

▲ UNFICYP
Força de Manutenção da Paz das Nações Unidas em Chipre

▲ UNIFIL
Força Interina das Nações Unidas no Líbano

▲ UNIMOG
Força de Observação Militar das Nações Unidas no Iran-Iraque

▲ UNMOGIP
Grupo de Observação Militar das Nações Unidas na Índia e Paquistão

▲ UNTSO
Organização de Supervisão de Trégua das Nações Unidas

UNDRO
Escritório do Coordenador das Nações Unidas para Socorro em Casos de Desastres (uma unidade do Secretariado).

▲ Programas e órgão das Nações Unidas (Lista não exaustiva)
■ Organismos especializados e outras organizações autônomas do sistema
• Outros comitês, comissões e órgãos especiais conexos

Fonte: Adaptado a partir de Brian Unquhart e Erskine Childers. "Um Mundo Precisando de Liderança: O Tema do amanhã das Nações Unidas sobre o Diálogo para o Desenvolvimento" 1990 1-2 (Uppsala, Suécia – Fundação Dag Hammarskjöld, 1990).

Quadro 2
Carta da Democracia Global:
12 Áreas de Ação Urgente

Fortalecer a responsabilidade e participação democráticas na formulação de decisões internacionais:

1. Dar poderes à Assembléia Geral da ONU para examinar o trabalho das agências da ONU e outras agências de governança global; criar um Fórum da Sociedade Civil anual; abrir as instituições internacionais para a maior participação da sociedade civil e representantes dos países membros; trazer a OMC para o sistema da ONU e reforçar a cooperação entre todos os grupos internacionais sob o sistema da ONU.

2. Criar dentro do sistema da ONU um mecanismo responsável, eqüitativo e efetivo para monitorar, supervisionar e regulamentar as instituições transnacionais, empresariais e financeiras; requerer às companhias transnacionais a adesão a um código intelectual de conduta cobrindo os princípios acordados concernentes aos direitos humanos, meio ambiente, e padrões centrais de trabalho.

3. Dar às instituições das Nações Unidas uma fonte adicional e independente de receita tal como a tributação sobre transações de divisas estrangeiras, combustível de aviões e navios, venda de armas e licenciamento do uso de comuns globais.

Manutenção da paz e segurança internacionais:

4. Reformar o Conselho de Segurança das Nações Unidas para abrir ao escrutínio público todas as formulações de decisões; remover gradualmente o veto isolado de um país e a qualidade de membro permanente; estabelecer representação eqüitativa de cada região do mundo; estabelecer um sistema de aviso prévio de alto nível; fornecer autoridade efetiva para mediar e intervir no estágio inicial de disputas, dentro das fronteiras nacionais, quando necessário.

5. Estabelecer uma Força de Reação Rápida das Nações Unidas, permanente e diretamente recrutada, para manter a paz em uma crise, violações graves da política de direitos humanos e de suporte multilateral de defesa contra agressão e genocídio.

156 ALÉM DA GLOBALIZAÇÃO

6. Tornar obrigatório o registro de armas nas Nações Unidas; ratificar e implementar o Tratado de Banimento das Minas Terrestres; banir todas as armas de destruição em massa; iniciar programas para controlar o comércio de armas, converter as indústrias de armas para produção pacífica e cortar gastos militares no mundo todo; reforçar a responsabilidade perante as Nações Unidas de todas as ações militares internacionais; reduzir o tamanho dos exércitos nacionais como parte de um sistema global de segurança multilateral.

Preservar os direitos humanos fundamentais:

7. Fortalecer a cidadania mundial baseada no cumprimento e respeito pela Declaração dos Direitos Humanos e todos os instrumentos internacionais de Direitos Humanos, inclusive os seis tratados principais sobre direitos econômico, social e cultural; direitos civis e políticos; discriminação racial; discriminação contra as mulheres, direitos das crianças, tortura e as convenções sobre genocídio, refugiados e padrões de trabalho.

Fortalecer a justiça sob a lei internacional:

8. Ratificar o Estatuto da Corte Criminal Internacional; aceitar jurisdição compulsória da Corte Internacional de Justiça, da Corte Criminal Internacional e do Comitê de Direitos Humanos das Nações Unidas; aumentar os poderes de execução das Cortes; abrir o ICJ para petição individual e proteger a independência judicial da ICC.

Promover o progresso social e melhorar os padrões de vida:

9. Estabelecer uma instituição forte de segurança Econômica e Ambiental das Nações Unidas para promover prosperidade internacional, proteger os comuns globais e garantir o desenvolvimento sustentável.
10. Estabelecer uma Corte Ambiental Internacional para fazer cumprir os tratados internacionais sobre o meio ambiente e proteger os comuns globais.
11. Declarar a mudança climática como sendo um interesse de segurança global essencial e estabelecer uma equipe de ação urgente internacional de alto nível para assessorar a Conferência das Nações Unidas sobre Mudanças do Cli-

LISTA DOS TRATADOS INTERNACIONAIS 157

ma a fim de estabelecer um teto global cientificamente amparado sobre emissões de gases causadores do efeito estufa e alocar quotas nacionais de emissões permissíveis baseadas na convergência de direitos iguais per capita, e trabalhar com os governo, empresas, agências internacionais e ONGs para cortar as emissões de dióxido de carbono a um nível sustentável.

12. Fazer da redução da pobreza uma prioridade global: garantindo o acesso universal ao uso de água potável segura, assistência à saúde, habitação, educação, planejamento familiar, igualdade de sexos, desenvolvimento sustentável e oportunidades econômicas, fortalecendo a capacidade das agências de desenvolvimento para eliminarem a má nutrição, as doenças que possam ser prevenidas e a pobreza absoluta através da conservação e participação eqüitativa dos recursos globais. Cancelar as dívidas impagáveis das nações mais pobres e instituir medidas para impedir que as dívidas muito grandes se acumulem novamente.

Quadro 3

Agenda Canadense de 10 Itens: Enfrentando o Desafio Global de Erradicação da Pobreza

Conselho Canadense de Cooperação Internacional

1. Promover e acelerar a implementação dos compromissos de desenvolvimento sustentáveis assumidos na Reunião da Terra no Rio em 1992.

2. Assumir os direitos humanos como de interesse central para a prática da política exterior canadense, visando em particular as práticas de investimento e comércio multilaterais canadenses que protegem os direitos de trabalho acordados internacionalmente.

3. Construir uma ordem econômica global mais eqüitativa cumprindo os acordos de comércio e investimento e regulamentação dos fluxos financeiros que contribua para reduzir as desigualdades sociais e proteção do meio ambiente, cancelando a dívida insustentável dos países mais pobres altamente endividados, e assegurando uma reforma das instituições de comércio e financeiras, como a Organização Mundial do Comércio, o Fundo Monetário Internacional e o Banco Mundial.

4. Assegurar que as ONGs e governo cumpram os compromissos de igualdade entre homens e mulheres assumidos nas recentes conferências globais das Nações Unidas, com ênfase particular sobre a promoção dos direitos humanos das mulheres, abordando a feminização da pobreza, melhorando a participação das mulheres na formulação de decisões, garantindo a assistência à saúde da mulher e erradicando a violência contra as mulheres.

5. Cumprir as obrigações do Canadá para melhorar a vida das crianças com progressos mensuráveis no sentido das metas de redução da má nutrição, doenças evitáveis e analfabetismo estabelecidas na Declaração e Plano Mundial de Ação sobre Sobrevivência, Proteção e Desenvolvimento das Crianças (*World Declaration and Plan of Action on the Survival, Protection and Development of Children*), de 1990, e nos padrões de direitos das crianças estabelecidos na Convenção das Nações Unidas sobre os Direitos da Criança (*UN Convention on the Rights of the Child*), de 1989.

LISTA DOS TRATADOS INTERNACIONAIS 159

6. Tornar o mundo mais seguro para todos através da colaboração com todos os setores da sociedade visando promover esforços localmente na criação de paz sólida nas nações destroçadas e nações ameaçadas e tornar a segurança comum e a manutenção da paz objetivos centrais da política de defesa canadense.

7. Promover a garantia sustentável de alimentos como um direito humano básico na política de desenvolvimento internacional e agrícola canadense e trabalhar para realizar, no mínimo, o Plano de Ação de sete pontos da Reunião de Cúpula Mundial de Alimentos de 1996 (*World Food Summit*).

8. Promover responsabilidade social e ambiental das corporações e buscar, ao mesmo tempo, um meio de vida mais social e ecologicamente equilibrado entre os canadenses.

9. Reverter o declínio na ajuda externa canadense, com melhorias demonstradas de erradicação da pobreza e através de cooperação para o desenvolvimento canadense nos próximos cinco anos.

10. Criar novas oportunidades de participação e engajamento dos cidadãos na formulação de políticas nacional e multilateral, refletindo os papéis e as responsabilidades das sociedades civis e representantes políticos igualmente, promovendo instituições mais eqüitativas, transparentes e responsáveis.

Fonte: *What We Can Do: Global Action against Poverty*, 1998. Canadian Council for International Cooperation, Ottawa. www.incommon.web.net.

Quadro 4

Menu de Opções de Políticas para a
Reforma Financeira Global

Propostas oficiais de "nova arquitetura: fazer com que os mercados de capital trabalhem melhor

Dar maior transparência e *disclosure* às instituições financeiras.

Melhorar a fiscalização pelo FMI e outras agências internacionais.

Fortalecer a supervisão consultiva pelas agências reguladoras internas.

Melhorar as soluções para crises e políticas de prevenção:

- redução do risco moral nos socorros do FMI,
- envolvimento dos credores, ou seja, induzi-los a manter empréstimos em uma crise,
- esquemas de reestruturação de dívidas e procedimentos de falência mais ordenados,
- refinanciamentos antes das crises.

Melhorar o gerenciamento de riscos:

- seguro privado ou público para o crédito.

Regular os fluxos de capital: refrear o capital especulativo

Taxa de Tobin em todas as transações de câmbio:

- taxas alternativas sobre divisas estrangeiras, por exemplo, taxa Mélitz sobre lucros de curto prazo em operações com divisas estrangeiras.

Controles de capital e controles de divisas estrangeiras nos países em desenvolvimento:

- depósitos compulsórios sobre ingressos de capital de curto prazo, no estilo chileno,
- controles de câmbio para impedir especulação com a moeda, ao estilo da Malásia,
- restrições mais fortes sobre fluxos de entrada e saída de capital de curto prazo.

Regulamentação dos fluxos de capital nos países industrializados:

- regulamentos prudentes sobre as saídas de capital, por exemplo, impostos sobre *pools* de financiamento com base em risco das operações,
- restrições em influxos de curto prazo para desencorajar investimentos em "portos seguros" durante pânicos financeiros no exterior.

Criação de canais mais estáveis de financiamento do desenvolvimento:

- fundos mútuos de mercados emergentes.

Reforma das instituições internacionais

Abolição do FMI?:
- por que precisamos de instituições financeiras internacionais?

Propostas de novas instituições internacionais:
- um banco central mundial,
- uma instituição de supervisão internacional (conselho de observadores ou autoridade financeira mundial),
- uma câmara de compensação monetária internacional.

Reforma fundamental do FMI:
- nova liderança,
- governança e responsabilidade mais democrática,
- uma missão mais ampla: prosperidade macroeconômica e justiça social,
- replanejamento dos pacotes de resgate,
  - mudança do ônus do ajuste mais sobre credores via "cortes", alívio da dívida, etc.,
  - condições menos restritivas e mais apropriadas aos devedores, inclusive maior participação local,
  - separação das metas de curto prazo para remediar crises dos objetivos de longo prazo das reformas sistêmicas.

Estabilização das taxas de câmbio

Alternativas tradicionais:
- taxas flexíveis,
- taxas nominais fixas,
  - sistemas de bandas,
  - dolarização,
- taxas fixas com metas reais (âncoras ajustáveis),
- outros tipos de taxas gerenciadas.

Sistemas híbridos de taxas gerenciadas:
- metas com bandas de ajuste amplas,
- metas consistentes com desequilíbrios sustentáveis de contas correntes,
- metas ajustadas para diferenças de inflação e crescimento,
- bandas "duras", com intervenções automáticas e maciças para apoiá-las (seja pelos bancos centrais nacionais ou um fundo de estabilização de câmbio internacional).

Políticas de taxas de câmbio otimizadas variando por tipo de país:
- metas para as moedas principais (o dólar, o euro e yen, mais outras do G-7),
- liberdade aos países em desenvolvimento para experimentarem políticas de taxas de câmbio que atendam suas necessidades.

162 ALÉM DA GLOBALIZAÇÃO

Coordenação de políticas macroeconômicas

Motivações:

- apoiar metas de taxas de câmbio e desencorajar a especulação,
- dar mais liberdade de pressões do mercado financeiro aos formuladores de políticas (plano Williamson-Miller para os principais países industrializados),
- fixar taxas de câmbio-alvo de acordo com a demanda global,
- diferenças de taxas de juros entre países com metas de taxas de câmbio,
- usar políticas fiscais de ajuste de economias individuais para atender objetivos nacionais.

Modificações e qualificações:

- fixação de metas de demanda a pleno emprego com uma taxa de inflação aceitável,
- abandono de metas rígidas de redução do déficit para tornar as políticas fiscais mais flexíveis,
- uso de outros instrumentos de controle de crédito para suplementar a política de taxa de juros, que seria restrita por uma política de coordenação
  – por exemplo, depósitos compulsórios dos bancos e outros intermediários financeiros, possivelmente calculados sobre ativos (empréstimos) em vez de passivos (depósitos).

Princípios-guias para coordenação de políticas:

- taxas médias de juros mundiais mais baixas para retomar o crescimento e impedir a deflação,
- depreciação do dólar a fim de reduzir o déficit comercial dos EUA,
- insistência em políticas de expansão da demanda na Europa e no Japão para que retomem seu crescimento e reduzam seus superávits comerciais.

Fonte: Reimpressão autorizada de *Taming Global Finance: A Better Architecture for Growth and Equity*, de Robert A. Blecker (Washington, DC: Economic Policy Institute, 1999), 90-91.

Bibliografia Selecionada

Níveis 1 e 2: Global e Internacional

Agenda 21. Volumes I, II, III. E. 92-38352. Nova York, United Nations, 1993. Uma versão simplificada foi editada por Daniel Sitars, Boulder, Colo., 1995.

Ayres, Robert U. *Turning Point: The End of the Growth Paradigm.* Nova York: St. Martins Press, 1998.

Boulding, Elise. *Toward a Global Civic Culture: Education for an Interdependent World.* Nova York: Teachers College Press, Columbia University, 1988.

Buck, Susan J. *The Global Commons: An Introduction.* Washington, DC: Island Press, 1998.

Carley, Michael e Spapens, Philippe. *Sharing the World: Sustainable Living and Global Equity in the 21st Century.* Nova York: St. Martins Press, 1998.

Castells, Manuel. *The Information Age: Economy, Society and Culture.* 3 Volumes. Malden, Mass. e Oxford: Blackwell, 1998.

Commission on Global Governance. *Our Global Neighborhood.* Nova York e Oxford: Oxford University Press, 1995.

Demko, George J. e Wood, William B., orgs. *Reordering the World: Geopolitical Perspectives on the 21st Century.* Boulder, Colo.: Westview Press, 1999.

Falk, Richard. *Law in an Emerging Global Village.* Ardsley, Nova York: Transaction Publishers, 1998.

George, Susan. *The Debt Boomerang.* Londres: Pluto Press, republicação de 1999.

_____. *The Lugano Report: On Preserving Capitalism in the 21st Century.* Londres: Pluto Press, 1999.

Glenn, Jerome e Theodore, Gordon, orgs. *State of the Future.* Washington, DC: The American Council for the United Nations University, 1997, 1998, 1999. Três relatórios de conferências virtuais realizadas com futuristas pro-

164 ALÉM DA GLOBALIZAÇÃO

fissionais de cinco continentes, originários do mundo acadêmico, governo e OSCs. Foram identificados consensos sobre problemas e oportunidades globais, questões éticas e desafios globais para tomadores de decisões em todos os níveis. Website: www.stateofthefuture.org.

Gray, John. *False Dawn: The Delusions of Global Capitalism.* Londres: Granta Books, 1998.

Greider, William. *One World, Ready or Not: The Manic Logic of Global Capitalism.* Nova York: Simon and Schuster, 1997.

Hammond, Allen. *Which World?: Scenarios for the 21st Century.* Washington, DC: Island Press, 1998.

Henderson, Hazel. *Transcendendo a Economia,* São Paulo, Editora Cultrix, 1998.

_____. *Creating Alternative Futures: The End of Economics.* West Hartford, Conn.: Kumarian Press, 1996.

_____. *Construindo um Mundo Onde Todos Ganhem,* São Paulo, Editora Cultrix, 1999.

Independent Commission on Population and Quality of Life. *Caring for the Future.* Nova York e Oxford: Oxford University Press, 1996.

Kaul, Grunberg e Stern, orgs. *Global Public Goods.* UNDP. Nova York e Oxford: Oxford University Press, 1999.

Landes, David S. *The Wealth and Poverty of Nations.* Nova York: W.W. Norton, 1998.

Mayne, Alan J. *From Politics Past to Politics Future: An Integrated Analysis of Current and Emergent Paradigms.* Westport, Conn.: Praeger, 1999.

McMurtry, John. *Unequal Freedoms: The Global Market as an Ethical System.* West Hartford, Conn.: Kumarian Press, 1998.

Peterson, V. Spike e Runya, Ann S. *Global Gender Issues.* Boulder, Colo.: Westview Press, 1993.

Sadruddin Aga Khan, Cameron May, orgs. *Policing the Global Economy: Why, How, and for Whom?* (Londres: Cameron & May, 1998).

Schroyer, Trent, org. *A World That Works.* Nova York: Toes Books, Bootstrap Press, 1997.

Singh, Kavaljit. *The Globalisation of Finance.* Nova York: Zed Books, 1999.

Soros, George. *The Crisis of Global Capitalism: Open Society Endangered.* Nova York: Public Affairs, Perseus Books Group, 1998.

Relatórios Anuais *State of the World.* Publicados anualmente. Washington, DC: Worldwatch Institute.

UNDP. *Human Development Report* e todos os relatórios anteriores, desde 1990. Nova York e Oxford: Oxford University Press, 1999.

United Nations Research Institute on Social Development (UNRISD). *States of Disarray.* Genebra: United Nations, 1995. Gratuito, em inglês, francês e es-

BIBLIOGRAFIA SELECIONADA **165**

panhol, Palais de Nations, CH-1211 Geneva-10, Switzerland. Atualizações disponíveis.

Urquhart, Brian e Childers, Erskine. *A World in Need of Leadership: Tomorrow's United Nations. Issue of Development Dialogue* 1990:1-2.

Woodward, David. *Drowning by Numbers*. Londres: Bretton Woods Project, 1998.

World Commission on Environment and Development. Gro Harlem Brundtland, Chair. *Our Common Future*. Nova York e Oxford: Oxford University Press, 1987.

Nível 3: Nação-Estado

Ackerman, Bruce, e Alstott, Anne. *The Stakeholder Society*. New Haven, Conn.: Yale University Press, 1999.

Blecker, Robert A. *Taming Global Finance: A Better Architecture for Growth and Equity*. Washington, DC: Economic Policy Institute, 1999.

Frank, Robert H. e Cook, Philip J. *The Winner-Take All-Society: How More and More Americas Compete for Even Fewer and Bigger Prizes, Encouraging Economic Waste, Income Inequality, and an Impoverished Cultural Life*. Nova York: The Free Press, 1995.

Gelinas, Jacques B. *Freedom from Debt: The Reappropriation of Development Through Financial Self-Reliance*. Londres: Zed Books, 1998.

Greider, William. *Fortress America: The American Military and the Consequences of Peace*. Nova York: Public Affairs, Perseus Books, 1998.

Henderson, Hazel, Flynn, Patrice e Lickerman, Jon, orgs. *Calvert-Henderson Quality-of-Life Indicators*. Washington, DC: The Calvert Group, Inc., 1999.

Ho, Dr. Mae Wan. *Genetic Engineering, Dream or Nightmare?* The Brave New World of Bad Science and Big Business. Bath, UK: Gateway Books, 1998.

Kay, Alan F. *Locating Consensus for Democracy: A Ten-Year Experiment*. St. Augustine, Fla.: American Talk Issues Foundation, 1998.

Krehm, William, org. *Meltdown: Money, Debt and the Wealth of Nations*. Toronto: COMER Publications, 1999.

Mishel, Lawrence, Bernstein, Jared e Schmidt, John. *The State of Working America*. Washington, DC: Economic Policy Institute, 1998.

Mulgam, Geoff. *Connexity: How to Live in a Connected World*. Boston: Harvard Business School Press, 1997.

Reich, Robert. *The Work of Nations: Preparing Ourselves for the 21st Century*. Nova York: Knopf, 1991.

Robertson, James. *Transforming Economic Life: A Millennial Challenge*. A Schumacher Briefing. Londres: Green Books with NEF, 1998.

166 ALÉM DA GLOBALIZAÇÃO

Rodrick, Dani. *Has Globalization Gone Too Far?* Washington, DC: Institute for Economics, 1997.

———. *The New Global Economy and Developing Countries: Making Openness Work.* Washington, DC: Overseas Development Council, 1999.

Thurow, Lester. *The Future of Capitalism: How Today's Economic Forces Shape Tomorrow's World.* Nova York: William Morrow, 1996.

Towards a Sustainable America: Advancing Prosperity, Opportunity and a Healthy Environment for the 21st Century. The Presidents Council on Sustainable Development. Ray Anderson and Jonathan Lash, Co-chairs. Washington, DC: The White House, 1999. Surpreendentemente, este relatório aborda os fluxos financeiros internacionais e o Acordo de Apoio aos Investimentos, bem como conceitos pioneiros de ecologia industrial, desmaterialização e iniciativas locais. Website: www.whitehouse.gov.PCSD.

US Office of Technology Assessment. *After the Cold War: Living with Lower Defense Spending.* Washington, DC: US Government Printing Office, 1992.

Wolman, W. e Colamosca, A. *The Judas Economy: The Triumph of Capital and the Betrayal of Work.* Nova York: Addison-Wesley, 1997.

Nível 4: Corporações

Allenby, Braden R. *Industrial Ecology: Policy Framework and Implementation.* Englewood Cliffs, NJ: Prentice Hall, 1999.

Benyus, Janine M. *Biomimicry: Innovation Inspired by Nature.* Nova York: William Morrow, 1997.

Brill, Hal, Brill, Jack A. e Feigenbaum, Cliff. *Investing With Your Values: Making Money and Making a Difference.* Princeton, NJ: Bloomberg Press, 1999.

Carter, Barry C., *Infinite Wealth: A New World of Collaboration and Abundance in the Knowledge Era.* Boston, Londres, Nova Delhi, Johannesburg e Auckland: Butterworth-Heinemann.

Council on Economic Priorities. *The Corporate Report Card.* Nova York: Dutton; Londres, Toronto e Auckland: Penguin Group, 1998. O Council on Economic Priorities é o primeiro (desde 1969) e principal grupo de auditoria ética, ambiental e social.

Dymski, Gary A. *The Bank Merger Wave.* Armonk, Nova York: M. E. Sharpe, 1999.

Frankel, Carl. *In Earth's Company: Business, Environment and the Challenge of Sustainability.* Stony Creek, Conn. e Gabriola Island, Colúmbia Britânica: New Society Publishers, 1998.

BIBLIOGRAFIA SELECIONADA **167**

Gates, Jeffrey R. *The Ownership Solution: Toward a Shared Capitalism for the 21st Century*. Reading, Mass.: Addison-Wesley, 1998.

Glenn, Jerome C. e Theodore J. Gordon. *1999 State of the Future: Challenges We Face at the Millennium*. Washington, DC: The Millennium Project of the American Council for the United Nations University, 1999.

Gonella, C., Pilling, A., e Zadek, S. *Making Values Count*. Londres: Association of Chartered Certified Accountants, 1998.

Hawken, Paul. *The Ecology of Commerce*. Nova York: HarperCollins, 1993.

Hawken, Paul, Amory Lovins, e L. Hunter Lovins. *Capitalismo Natural: Criando a Próxima Revolução Industrial*. São Paulo, Ed. Cultrix.

Hopkins, Michael. *The Planetary Bargain: Corporate Social Responsibility Comes of Age*. Londres: Macmillan Press, 1999.

Kiernan, Matthew J. *Get Innovative or Get Dead: Building Competitive Companies for the 21st Century*. Vancouver: Douglas and McIntyre, 1995.

Knowles, Ross, org. *Ethical Investment*. Marrickville, NSW, Austrália: Choice Books, Australia Consumer's Association, 1997.

Korten, David. *The Post-Corporate World: Life After Capitalism*. San Francisco: Berrett-Koehler and West Hartfotd, Conn.: Kumarian Press, 1998.

Nattras, Brian e Altomare, Mary. *The Natural Step for Business: Wealth, Ecology and the Evolutionary Corporation*. Gabriola Island, Colúmbia Britânica: New Society Publishers, 1999.

Savory, Allan com Butterfield, Jody. *Holistic Management: A New Framework for Decision-Making*. Washington, DC: Island Press, 1999.

Weeden, Curt. *Corporate Social Investing: The Breakthrough Strategy for Giving and Getting Corporate Contributions*. San Francisco: Berrett-Koehler Publishers, 1998. Uma abordagem dúbia, que vê a cooptação das organizações sem fins lucrativos como vital para as corporações.

Zadek, S., Pruzan, P. e Evans, R. *Building Corporate Accountability*. Londres: Earthscan, 1997.

Níveis 5 e 6: Sociedade Civil e Governos Locais

Abdullah, Sharif. *Creating a World That Works for All*. San Francisco: Berrett-Koehler Publishers, 1999.

Boyle, David. *Funny Money*. Londres: HarperCollins, 1999.

Bruyn, Severyn. *A Civil Economy: Transforming the Marketplace in the 21st Century*. Ann Arbor, Mich.: University of Michigan Press, 2000.

Clark, John, *Democratizing Development: The Role of Voluntary Organizations*. West Hartford, Conn.: Kumarian Press, 1990.

168 ALÉM DA GLOBALIZAÇÃO

Douthwaite, Richard. *Short Circuit*. Devon, UK: Green Books, 1996.

Etzioni, Amitai. *The Moral Dimension: Toward a New Economics*. Nova York e Londres: The Free Press, 1988. Um influente estudo dos valores comunitários e da economia baseado em comunidades.

Fisher, Julie. *Nongovernments: NGOs and the Political Development of the Third World*. West Hartford, Conn.: Kumarian Press, 1997.

Mitchell, Ralph and Shafer, Neil. *Depression Scrip of the United States and Canada*. Iola, Wis.: Krause Publications, 1984.

Sachs, Wolfgang, Loske, Reinhard e Linz, Manfred, *et al. Greening the North: A Post Industrial Blueprint for Ecology and Equity*. Londres: Zed Books, 1998.

Nível 7: Indivíduos e Famílias

Dominguez, Joe e Robin, Vicki. *Your Money or Your Life*. Nova York e Londres: Viking, Penguin Group, 1992. O best-seller perene que inspirou muitos outros livros de auto-ajuda que mudaram a vida de muitas pessoas.

Elworthy, Scilla. *Power and Sex*. Oxford: The Oxford Research Group, 1996.

EthicScan Canada. *Shopping with a Conscience*. Toronto: John Wiley and Sons, 1996.

Kamenetsky, Mario. *The Invisible Player: Consciousness as the Soul of Economics, Social and Political Life*. Rochester, Vt.: Park Street Press, 1999. Filosofia por um ex-economista do Banco Mundial na Argentina.

Kumar, Satish. *Path Without Destination*. Devon, UK: Green Books, 1992, e Nova York: William Morrow, 1998. Filosofia atemporal de um dos principais ativistas do Reino Unido, fundador do Schumacher College e editor da revista *Resurgence*.

Jackson, Hildur. *Creating Harmony: Conflict Resolution in the Community*. Holte, Denmark: Gaia Trust, 1999, e East Meon, Hampshire: Permanent Publications, The Sustainability Center, 1999.

Shiva, Vandana. *Staying Alive: Women, Ecology and Development*. Londres: Zed Books, 1989.

Shopping for a Better World. The Council on Economic Priorities. San Francisco: Sierra Club Books, 1994. Edições em alemão e japonês.

Shuman, Michael M. *Going Local: Creating Self-Reliant Countries in a Global Age*. Nova York: Free Press, 1998.

Periódicos

Adbusters
Trimestral
Media Foundation
1243 7th Avenue West
Vancouver, British Columbia
Canada

Breakthrough News
Bimestral
Global Education Associates
475 Riverside Drive, Suite 1848
New York, NY 10115
USA
Telefone: 001 212 870-3290
Fax.: 001 212 870-2729
E-mail: globaledu@earthlink.net
Website: www. globaledu.org

The Changemakers
Bimestral
Ashoka-Innovators for the Public
1700 N. Moore Street, Suite 1920
Arlington, VA 22209-1903
USA
Telefone: 001 703 527-8300
Fax.: 001 703 527-8383
Website: www.ashoka.org

Escritório em Calcutá:
188/3/1A Prince Anwar Shah Road
Calcutta 700 045

Índia
Telefone: 91 33 483-8031
Fax.: 91 33 417-2587
E-mail: chmakers@giasc101.vsnl.net.in

Civicus World
Bimestral e gratuito para associados.
Civicus
919 18th Street NW, 3rd floor
Washington, DC 20006
USA
Website: www.civicus.org

The Corporate Examiner
Mensal
Interfaith Center on Corporate
Responsibility
475 Riverside Drive, Room 550
New York, NY 10115
USA
(notícias sobre ativismo entre acionistas)
Fax.: 001 212 870-2023

Development
Trimestral
Society for International Development
207 Via Panisperna
00184 Rome
Italy
Fax.: 39 06 487-2170
Website: www.safepub.co.ul

170 ALÉM DA GLOBALIZAÇÃO

Development Alternatives
Editor: Ashok Khosla
Mensal
Development Alternatives and TARA
Technologies
(cobre tecnologias "verdes"
inovadoras e ações para o
desenvolvimento rural)
B-32 Tara Crescent
Qutub Institutional Area
New Delhi 110-016
India
Telefone: 91 11 685-1158
Fax.: 91 11 686-6031
E-mail: tara@sdalt.enet.in

Development Dialogue
Trimestral - gratuito
Dag Hammarskjold Foundation
Orvre Slottsgatan 2
SE-75310 Uppsala
Sweden
Fax.: 46 18 12-20-72
E-mail: secretariat@dhf.uu.se
Website: www.dhf.uu.se

Earth Island Journal
Trimestral
Earth Island Institute
300 Broadway, Suite 28
San Francisco, CA 94133-3312
USA
Fax.: 001 415 788-7324

Economic Reform
Mensal
COMER Publications
245 Carlaw Avenue, Suite 107
Toronto
Ontario M4M 256
Canada
Telefone: 416 466-2642
Fax.: 416 466-5827
E-mail: wkrehm@ibm.net

Finance and the Common Good
Trimestral
(disponível em inglês e francês)
Observatoire de la Finance
32 Rue de la Athenee
CH-1206 Geneva
Switzerland
Telefone: 41 22 346-3035
Fax.: 41 22 789-1460
E-mail: office@obsfin.ch
Website: www.obsfin.ch

FOMC Alert
Trimestral, gratuito
Financial Markets Center
PO Box 334
Philomont, VA 20131
USA
Telefone: 001 540 338-7754
Fax.: 001 540 338-7757
E-mail: info@fmcenter.org
Website: www.fmcenter.org

Future Survey
Mensal
World Future Society
7910 Woodmont Avenue Suite 450
Bethesda, MD 20814
USA
Telefone: 001 301 656-8274
Fax: 001 301 951-0394
Website: www.wfs.org/fsurv.htm

Go Between
Bimestral – Gratuito
UN Non Governmental Liaison Service
Palais des Nations
CH-1211
Geneve 10
Switzerland
Fax.: 41 22 917-0049
E-mail: nigs@unctad.org ou nigs@undp.org

PERIÓDICOS 171

New Internationalist
Trimestral
55 Rectory Road
Oxford, OX4 1BW
United Kingdom
Website: www.newint.org/

Multinational Monitor
Mensal exceto em janeiro e fevereiro
PO Box 19405
Washington, DC 20036
USA
Fax.: 001 202 234-5176
Website: www.essential.org/monitor/monitor.html

The Other Side of Mexico
Bimestral
DECA Equipo Pueblo
A. C. Francisco Field
Jurado 51, Col. Independencia
Mexico, D.F. 03630
Telefone: 525 539-0015
Fax.: 525 672-7453
E-mail: pueblodip@laneta.apc.org/

Our Planet
Trimestral – Gratuito
UN Environmental Programme
PO Box 30552
Nairobi
Kenya
Telefone: 2542 621-234
Fax.: 2542 623-927
Website: www.ourplanet.com

Radio of Peace International
Progressive News Network
Broadcasting Worldwide from Costa Rica
PO Box 88
Santa Ana 6150
Costa Rica
Debra Latham, General Manager
Freqüências:
42m: 6.975 (AM) MHZ
19m: 15.050 MHZ

13m: 21.460 MHZ
E-mail: info@rfpi.org
Website: www.rfpi.org

Refugees
Trimestral – Gratuito
(disponível em inglês, francês, alemão, italiano, japonês, chinês, espanhol, russo e árabe)
UN High Commission for Refugees
PO Box 2500
1211 Geneva 2
Switzerland
Website: www. unhcr.ch

Resurgence
Bimestral
Rocksea Farmhouse
St. Mabyn
Bodmin, Cornwall
PL 30 3BR
UK
Telefone: 44 1208 84-1842
Fax.: 44 1208 84-1842

Tomorrow
Bimestral
Tomorrow Publishing AB
Saltmatargatan 8A
SE-1113 59 Stockholm
Sweden
Telefone: 46 8 33-5290
Fax.: 46 8 32-9333
E-mail: info@tomorrowpub.se

Unesco Sources
Mensal – Gratuito
(disponível em inglês, francês, chinês, espanhol e português)
31 Rue François Bonvin
75732 Paris Cedex 15
France
Telefone: 33 01 45 68-4537
Fax.: 33 01 45 68-5654
Website: www.unesco.org/sources

172 ALÉM DA GLOBALIZAÇÃO

Whole Earth
Trimestral
PO Box 3000
Denville, NJ 07834
USA
Website: www.wholearthmag.com

World Affairs
Trimestral
Publisher: J.C. Kapur
D-322 Defense Colony
New Delhi 110 024
India
Telefone: 91 11 464-2969
Fax.: 91 11 462-8994
E-mail: WORLDAFFAIRS@INDFOS.
WIPR.OBT.EMS.VSNL.NET.IN

European Office:
1 Chemin Du Rond Point
1170 Aubonne
Switzerland
Telefone: 41 21 808-5625
Fax.: 41 21 808-8134
E-mail: HARKAPUR@IPROLINK.CH

Worldwatch
Bimestral
Worldwatch Institute
PO Box 879
Oxon Hill, MD 20797-5003
USA
Telefone: 800-555-2028
Fax.: 001 301 567-9553
E-mail: wwpub@worldwatch.org
Website: www.worldwatch.org

Diretório de Organizações

Accion Ecologica
Alejandro de Valdez N24-33 y Av. La Gasca, Casillo 17-15-246-C
Quito - Equador
Telefone 593 2 230676
Fax.: 593 2 547516
E-mail: mail1.hoy.net@hoy.net

AFL-CIO/Solidarity Center
Lisa A. McGowan, Senior Analyst IFI Reform
1925 K Street, NW, Suite 300
Washington, DC 20008
USA
Telefone: 001 202 778-6357
Fax.: 001 202 778-4601
E-mail: lmcgowan@acils.org

AISEC (Association Internationale des Etudiants en Science Economique et Commerce)
40 Rue Washington
Brussels B-1050
Belgium
Telefone: 32 2 646-2420
Fax.: 32 2 646-3764
E-mail: pai@ai.aisec.org
Website: www.aisec.org

Aktie Stroholm
Loek Hilgerson
Oude Gracht
3511 AR Utrecht
Holland
Telefone: 31 30 231-4314
E-mail: loek@antenna.nl

Angkor Law Group/Cambodian Bar Association
HEM Hour Naryth, Attorney at Law
No. 45, Preah Suramarit Blvd.
Office Box No. 7
Phnom Penh
Cambodia
Telefone: 15 918-604
23 360-545
Fax.: 855 23 428-227
E-mail:hhnaryth@forum.org.kh

Association for the Taxation of Transactions of Aid Citizens (ATTAC)
Pierre Rousset
International Working Group
30, rue Moliere
Montreuil-sous-Bois 93100
France
Telefone: 33 1 42-87-76-87
33 1 48 70-42-33
Fax.: 33 1 48 59-23-28
E-mail: Pierre.Rousset@ras.eu.org
Website: www.attac.org

174 ALÉM DA GLOBALIZAÇÃO

Bank Information Center
Lisa Jordan, Executive Director
733 15th Street NW, #1126
Washington, DC 20005
USA
Telefone: 001 202 624-0621
001 202 737-7752
Fax.: 001 202 737-1155
E-mail: ljordan@igc.org
bicusa@igc.org

Both Ends
Marie-Jose Vervest, Director
Damrak, 28-30
1012 L J Amsterdam
The Netherlands
Telefone: 31 20 623-0823
Fax.: 31 20 620-8049

Business for Social Responsibility
609 Mission Street, 2nd Floor
San Francisco, CA 94105-3506
USA
Telefone: 001 415 537-0888
Fax.: 001 415 537-0889
Website: www.bsr.org

Canadian Centre for Policy Alternatives
Suite 410, 75 Albert Street - Ottawa
Canada
Telefone: 613-563-1341
Fax.: 613 233-1458
E-mail: ccpa@policyalternatives.ca

Center for a New American Dream
6930 Carroll Avenue Suite 900
Takoma Park
MD 20912
USA
Telefone: 001 301 891-3683
Fax.: 001 301 891-3684
E-mail: newdream@newdream.org
Website: www.newdream.org

Centro de Estudios Internacionale
Alejandro Bendano, Presidente
Apartado 1747 Managua
Nicaragua
Telefone: 505 266-0500
505 278-5413
Fax.: 505 267-0517
E-mail: cei@nicarao.org.ni
ahen@tnx.com.ni

Charter for Global Democracy
United Nations Association Westminster
Branch
Central Hall, Westminster, SW1P 3AS
UK
Titus Alexander, Westminster UNA, 32
Carisbrooke Road, London E17 7EF, UK
Telefone: 44 208 521-6977
Fax.: 44 208 521-5788
E-mail: titus@gci.org.uk

*Civicus, World Alliance for Citizen Partici-
pation*
919 18th Street NW 3rd. Floor
Washington, DC 20006
USA
Telefone: 001 202 331-8518
Fax.: 001 202 331-8774
E-mail: info@civicus.org
Website: www.civicus.org

*Coalition for Environmental Responsible
Economies (CERES)*
Robert Massie, President
11 Arlington Street/6th fl.
Boston, MA 02116-3411
USA
Telefone: 001 617 247-0700
Fax.: 001 617 267-5400
Website: www.ceres.org

DIRETÓRIO DE ORGANIZAÇÕES 175

Consumers Association of Penang
Haji S. M. Mohamed Idris JP, President
228 Jalan Macalister
Penang
10400
Malaysia
Telefone: 604 229-3511
Fax.: 604 228-5585
E-mail: mdidris@cap.po.my

Co-op America
Alisa Gravitz, President
1612 K Street, NW, Suite 600
Washington, DC 20006
USA
Telefone: 001 202 872-5307
Fax.: 001 202 331-8166

Copenhagen Center on Social Responsibility
Coordenador: Niels Hojensgard
Ministry of Social Affairs
Holmens Kanal 22
DK-1060 Copenhagen K
Denmark
Telefone: 45 33/92-92-45
Fax.: 45 33/92-92-95
Website: http://copenhagecentre.sm.dk

DECA Equipo Pueblo
Adriana Garcia Gruz, Director
Francisco Field Jurado 51
Col. Independencia 03630
Mexico
Telefone: 525 539-0015
525 539-0055
Fax.: 525 672-7453
E-mail: pueblogen@laneta.apc.org

Development Alternatives Group
B-32, TARA Crescent
Qutab Institutional Area
New Delhi
India 10016
Telefone: 91 11 685-1158
Fax.: 91 11 686-6031
E-mail: tara@sdalt.ernet.in
Website: www.ecouncil.ac.cr

Development Resources Centre
Zane Dangor
PO Box 6079
Johannesburg 200
South Africa
Telefone: 27 11 838-7504

Earth Action
Nicholas Dunlop (International Coordinator)
17 The Green
Wye
Kent TN25 5AJ
UK
Telefone: 44 1233 813-796
Fax.: 44 1233 813-795
E-mail: wye@earthaction.org.uk
Website: www.earthaction.org

Earth Council and Earth Charter
Edificio INS 9th Floor
San Jose
Costa Rica
Telefone: 506 223-3418
Fax.: 506 255-2197
Website: www.ecouncil.ac.cr

Ecological Association "GEEA" IASI
Sorin Tecucianu, President
Project Coordinator
C.P. 1634, O P. 7
IASI Romania Europe
6600 Romania
Telefone: 40 94 641-181
Fax.: 40 33 725-611
E-mail: apgro@mail.dntis.ro

176 ALÉM DA GLOBALIZAÇÃO

Economic Reform Australia
PO Box 505
Modbury
SA 5092
Australia
E-mail: hermann@dove.net.au
Website: http://dove.net.au/hermann/
erahome.htm

Ethical Trade Initiative
Dan Rees, Director
78-79 Long Lane
London EC1A 9EX
UK
Telefone: 44 207 796-0515
Fax.: 44 207 796-0616
E-mail: eti@eti.org.uk

*FASE – Federação de Órgãos para
Assistência Social e Educacional*
Rua das Palmeiras, 90, Botafogo
Rio de Janeiro, RJ 22270-070
Telefone: (21) 2286-1441
Fax.: (21) 2286-1209
E-mail: fase@fase.org.br
mailto:fase@fase.org.br
Website: www.fase.org.br
http://www.fase.org.br

First Nations Development Institute
Rebecca Adamson, President
The Stores Building
11917 Main Street
Fredericksburg, VA 22408
USA
Telefone: 540 371-5615
Fax.: 540 371-5725
Website: www.firstnations.org

Focus on the Global South
Professor Walden Bello
Nicola Bullard
C/O CURSI Wisit Prachuabmoh Building
Chulalongkorn University
Phyathai Road
Bangkok, Thailand 10330

Telefone: 66 2 218-7363/64/65
Fax.: 66 2 255-9976
E-mail: Focus@ASC9.th.com
Website: www.focusweb.org

*Foundation for Science, Technology
and Natural Resource Policy*
Vandana Shiva
105 Raipur Road
Dehra Dun
India 248001
Telefone: 91 135 23374

Friends on the Earth, US
Carol Welch, International Policy Analyst
1025 Vermont Avenue, NW Suite 300
Washington, DC 20005
USA
Telefone: 001 202 783-7400 (ext 237)
Fax.: 001 202 783-0444
E-mail: cwelch@foe.org
Website: www.foe.org

Fundacion Ecos
Rosario Bunge, General Coordinator
Agencia 20-Punta del Este
C.E.P. 56098
Uruguay
Telefone: 59842 7 1252/7 2212/7 1532
Fax.: 59842 7 1252/7 2212
E-mail: ecos@adinet.com.uy
Website: www.fundacionecos.org

Green Korea United
Taehwa Lee, Chief Coordinator, International
1004 Garden Tower 98-78
Wooni-dong
Chongno-ku
Seoul
Korea
Telefone: 82 2 747-8500
Fax.: 82 2 766-4180
E-mail: environ@chollian.net
Website: www.greenkorea.org

DIRETÓRIO DE ORGANIZAÇÕES 177

Halifax Initiative
Robin Round, Regional Coordinator
#1009-207 West Hastings Street
Vancouver, British Columbia
V6B 1H7
Canada
Telefone: 604 915-9600
Fax.: 604 915-9601
E-mail: rjr@web.net
Website: www.sierraclub.ca/national/

Heinrich – Boell Foundation/Asia Europe Dialogue
Jost Wagner, Gratuito Co-Worker/
Researcher
c/o Wolfgang Kreissi-Dorfler, MdEP
The Greens in the European
Parliament
Bruxelles
LEO 08 G
Belgium
Telefone: 32 2 284-5110
Fax.: 32 2 284-9110
E-mail: wagn4401@uni-trier.de
          wkreissi@europarl.eu.int
Website: www.ased.org

Human Rights Forum
Kinhide Mushakoji, President
5-34-14, Yoyogi, Shibuya-ku
Tokyo 1510053
Japan
Telefone: 81 3 3460-5018
Fax. 81 3 3460 5099
E-mail: QWD00105@niftyserve.or.

IBASE – Instituto Brasileiro de Análises Sociais e Econômicas
Rua Visconde de Ouro Preto, 5/7º andar
Botofogo, Rio de Janeiro, RJ 22250-180
Telefone: (21) 2553-0676
Fax.: (21) 2553-8796

E-mail: ibase@ibase.br
mailto:ibase@ibase.br
Website: www.ibase.org.br
http://www.ibase.org.br

ICFTU-APRO
Ching Chabo, Director, ESP Dept.
Trade Union House, 3rd Floor
Shenton Way 068810
Singapore
Telefone: 65 372-1240
Fax.: 65 372-1240
E-mail: ching@icftu-apro.org.sg

Independent Sector
Sandra Trice Gray, Vice Presidente
1200 18th Street NW, Suite 200
Washington, DC 20036
USA
Telefone: 001 202 467-6100
Fax.: 001 202 467-6101
Website: www.independentsector.org

IDRC/North-South Institute, Canada
Rodney Schmidt
Research Associate and Director
6 T.T Vien Toan, Cong Vi, Ba Dinh
Hanoi
Vietnam
Telefone: 84 4 766-0469
Fax: 84 4 766-0469
E-mail: veem@hn.vnn.vn

Industrial Shrimp Action Network
Isabel de la Torre, Coordinator
25415 70th Avenue Est
Graham, WA 98338
USA
Telefone: 001 253 846-7455
Fax.: 001 253 847-5977
E-mail: isatorre@seanet.com

178 ALÉM DA GLOBALIZAÇÃO

INESC – Instituto de Estudos Sócio-Econômicos
SCS – Quadra 08 – Bloco B-50
Salas 431/441 – Edifício Venâncio 2000
Brasília, DF – CEP 70333-970
Telefone: (61) 226-8093
Fax.: (61) 226-8042
E-mail: inesc@tba.com.br
mailto:inesc@tba.com.br
Website: www.inesc.org.br
http://www.inesc.org.br

Institute for Agricultural & Trade Policy
2105 1st Avenue South
Minneapolis, MN 55404
USA
Telefone: 001 612 870-0453
Fax.: 001 612 870-4846
E-mail: khoff@iatp.org
Website: www.iatp.org

Institute of Comparative Political Studies
Boris Kagarlitsky, Senior Research Fellow
125319 Moscow Krasnoarmeyskaya 29
Flat #43
Moscow 125319
Russia
Telefone: 7 095 1510684
Fax.: 7 095 1517918
E-mail: gbk@glasnet.ru

Institute for Policy Studies
John Cavanaugh, Director
733 15th Street, NW
Washington, DC 20005-2112
USA
Telefone: 001 202 234-9382
Fax.: 001 202 387-7915

Institute of World Economics and Politics
Yu Yongding, Director
Chinese Academy of Social Sciences
Janguomenne: dajie St., No. 5
Beijing 1000732
China

Telefone: 8610 6612-6105
8610 6433-1692
Fax.: 8610 6512-6105
8610 6433-1692
E-mail: yuyong@public.bta.net.cn
yuyd@iwep.cass.net.cn

International Council on Social Welfare
Julian Disney, President
24 Edgar Street
Eastwood NSW
2122 Australia
Telefone: 61 2 9804-8824
Fax.: 61 2 9804-8823
E-mail: jdisney@ibm.net

International Forum on Globalization
1555 Pacific Avenue
San Francisco, CA 94109
USA
Telefone: 001 415 771-3394
Fax.: 001 415 771-1121
E-mail: ifg@ifg.org
Website: www.ifg.org

International Institute for Environment and Development
Nick Robins
3 Endsleigh Street
London WC1H ODD
UK
Telefone: 44 207 388-2117
Fax.: 44 207 388-2826
E-mail: mailbox@iied.org
Website: www.iied.org

International Monetary Fund (IMF)
Gita Bhatt
Public Affairs Office
700 19th Street, NW
Washington, DC 20431
USA
Telefone: 001 202 623-7968
Fax.: 001 202 623-6200
E-mail: gbhatt@imf.org

DIRETÓRIO DE ORGANIZAÇÕES 179

International NGO Committee on Human Rights And Habitat
International Coalition
Miloon Kothari, Joint-Convenor
8 rue Gustave Moynier
Geneve 1202
Switzerland
Telefone: 41 22 7388167
      91 11 91582413 (Índia)
E-mail: hic-hrc@iprolink.ch

International Society for Ecology and Culture
Helena Norberg-Hodge
Apple Barn
Week, Totnes
Devon TQ9 6JP
Telefone: 44 1803-868650
Fax.: 44 1803 868651
E-mail: isecuk@gn.apc.org
Website: www.isec.org.uk

International South Group Network (ISGN)
Yash Tandon, Director
7 Dougal Avenue
The Grange
Harare
Zimbabwe
Telefone: 263 4 499876
Fax.: 263 4 499079
E-mail: ytandon@harare.iafrica.com
      ytandon@internet.co.zw

ISA – Instituto Sócio-Ambiental
Av. Higienópolis, 901 – Higienópolis
São Paulo – SP – 01238-001
Telefone: (11) 3660-7949
Fax: (11) 3660-7941
E-mail: isa@socioambiental.org
mailto:isa@socioambiental.org
Website: www.socioambiental.org
http://www.socioambiental.org

ISER – Instituto de Estudos sobre a Religião
Ladeira da Glória, 98, Glória
Rio de Janeiro – RJ – 22211-120
Telefone: (21) 2556-5004
Fax: (21) 2558-3764
E-mail: iser@iser.org.br
mailto:iser@iser.org.br
Website: www.iser.org.br
http://www.iser.org.br

Kairos Europe
Anja Osterhaus
Programma Coordinator
Hegenichstrasse 22
Heidelberg
D-69124
Germany
Telefone: 49 6221 712610
Fax.: 49 6221 781183
E-mail: KAIROSHD@aol.com
Website: c.3hu/-bocs/kairos-dev-edu

Korean Confederation of Trade Unions (KCTU)
Young-Joo Ko, General Secretary
5th Floor, Daeyoung Building
139 Youngdeungpo-2-Ga
Seoul 150 032
Korea
Telefone: 822 635-1133
Fax.: 822 635-1134
E-mail: kctu@kctu.org
Website: www.kctu.org

Labour Education Foundation
Khalid Mehmood, Analyst Political Economy
Jeddojuhd Center, 40 Abbot Road
Lahore
Pakistan
Telefone: 92 42 631-5162
Fax.: 92 42 630-1685
E-mail: ipp@ipp.edunet.sdnpk.undp.org
      Edu@found.edunet.sdnpk

180 ALÉM DA GLOBALIZAÇÃO

Management and Organisation Development
Joel Rodriguez, Executive Director
29 Magiting Street, Corner Mahiyain
Street
Teachers Village
Quezon City
Philippines
Telefone: 632 435-3652
Fax.: 632 435-3655
E-mail: info@mode.org
        joel@mode.org
Website: www.mode.org

Minnesota Center for Corporate Responsibility
Robert MacGregor, President
1000 La Salle Avenue, Suite 153
Minneapolis, MN 55403-2005
USA
Telefone: 001 612 962-4120
Fax.: 001 612 962-4125
E-mail: MCCR-UST@stthomas.edu

Movement for the Defense of Democratic Rights
S. G. Punchihewa, Executive Secretary
1149, Kotte Road
Rajagiriya
Sri Lanka
Telefone: 01 865655
Fax.: 01 873775
E-mail: mddr@sit.lk

Mozambican Coalition for Economic Justice
Viriato Tamele, Coordinator
Avenida 24 de Julho 285
3 andar 6, Maputo
Mozambique
Telefone: 258 1 497-273
Fax.: 258 1 496-001
E-mail: virias@hotmail.com

National Assembly of Republic of Korea
Lee Mi Kyung
#105 Member's Office Bldg.
Yoido-dong, Youngdeungpo-ku
Seoul
Korea
Fax.: 82 2 788-3105
E-mail: lmk2014@assembly.go.kr

National Center for Advocacy Studies
John Samuel, Executive Director
2 Santhosh Appartments
Paud Road, Pune
Sheelavihar Colony Maharashtra
411038
India
Telefone: 91 20 346-460
Fax.: 91 20 346-460
E-mail: ncas@wmi.co.in
        ncas@vsnl.com

National Foundation for Women Business Owners
1100 Wayne Avenue, Suite 830
Silver Spring, MD 20910-5603
USA
Telefone: 001 301 495-4975
Fax.: 001 301 495-4979
Website: www.nfwbo.org

National Statistical Office of Mongolia
Urgamalsuvd Nanjid, Statistical Expert
P.O. Box #432
Ulaanbaatar-46
Mongolia
Telefone: 976 1 328780
        976 1 323943
Fax.: 976 1 372865
        976 1 687313
E-mail: solo126@hotmail.com
        ur15@usa.net

DIRETÓRIO DE ORGANIZAÇÕES   181

New Economics Foundation
Andrew Simms, Campaign Leader
Cinnamon House
6-8 Cole Street
London SE1 4YH
UK
Telefone: 44 207 407-7447
Fax.: 44 207 407-6473
E-mail: info@neweconomics.org
Website: www.neweconomics.org

Oxford Research Group
Scilla Elworthy, Director
51 Plantation Road
Oxford, OX2 6JE
UK
Telefone: 44 1865 242819
E-mail: org@oxfrg.demon.co.uk
Website: www.oxfrg.demon.co.uk

Peace Journalism, Conflict and Peace Courses
Indra Adnan, Director
Annabel McGoldrick, Coordinator
Taplow Court, Taplow
Berkshire
England SL6 0ER
UK
Telefone: 44 1628 59 1239
Fax.: 44 1628 77 3055
E-mail: conflict.peace@dartnet.co.uk

People-Centered Development Forum
David Korten
International Secretariat
14E 17th Street, Suite 5
New York 10003-1925
USA
Telefone: 001 206 842-0216
Fax.: 001 212 242-1901
E-mail: pcdf@igc.org
Website: http://iisd1.iisd.ca/pcdf/

People's Forum 2001, Japan
Tomoko Sakuma, Director
Maruko Bldg. 3F
Higashi-ueno 1-20-6, Taito-ku
Tokyo
110-0015
Japan
Telefone: 813 3834-2436
Fax.: 813 3834 2406
E-mail: tsakuma@jca.apc.org

Progressio Foundation
Marcello Palazzi, President
Parklaan 51
Doorn 3941 RD
The Netherlands
Telefone: 31 343 414-330
Fax.: 31 343 420-030
E-mail: mpalazzi@compuserve.com

Promocion del Desarrollo Popular A.C.
Lopezliera Mendez Luis, President
Tialoc 40-3
Col. Anahuac 11370oDF
Mexico
Telefone: 52 5 535-0325
           52 5 566-4265
Fax.: 52 5 592-1989
E-mail: espacios@laneta.apc.org

Public Citizen's Global Trade Watch
Lori Wallach, Director
215 Pennsylvania Avenue, SE
Washington, DC 20003
USA
Telefone: 001 202 546-4996
Fax: 001 202 547-7392
E-mail: lwallach@citizen.org
Website: www.tradewatch.org

182 ALÉM DA GLOBALIZAÇÃO

Quaker United Nations Office
Lori Heninger, Associate
Representative
777 UN Plaza, 5th Floor
New York, NY 10017
USA
Telefone: 001 212 682-2745
Fax.: 001 212 983-0034
E-mail: qunony@pipeline.com

Quantum Leap Project
1400 16th Street NW Suite 501
Washington, DC 20008
Telefone: 001 202 797-6692
Fax.: 001 202 797-5486
E-mail: buffet@nwf.org

Redefining Progress
1 Kearney St, 4th Floor
San Francisco CA 94108
USA
Telefone: 001 415 781-1191
Fax.: 001 415 781-1198
E-mail: info@rprogress.org
Website: www.rprogress.org

REDEH – Rede de Desenvolvimento Humano
Rua Álvaro Alvim, 21/16 andar
Rio de Janeiro – RJ – 20031-010
Telefone: (21) 2262-1704
Fax: (21) 2262-6454
E-mail:redeh@redeh.org.br
mailto:redeh@redeh.org.br
Website: www.redeh.org.br
http://www.redeh.org.br

Right Livelihood Award Foundation
Jakob von Uexkull, Chairman
Box 15072
S-104 Stockholm
Sweden
Telefone: 46 8 702-0340
Fax.: 46 8 702-0338

7 Park Crescent
London W1N 3HE
UK
Telefone: 44 207 404-5011
Fax.: 44 207 433-1443

Santi Pracha Dhamma Institute
Sulak Sivaraska
113/115 Fuangnakhon Road
(opp. Wat Rajbopit)
Bangkok, 10200
Thailand
Telefone: 662 223-4915
Fax.: 662 225-9540
E-mail:atc@box1.a-net.net.th

Sarvodya Shramadana
Dr. A. T. Ariyaratne, President
98 Rawatawatta Road
Damsak, Mandira
Moratuwa
Sri Lanka
Telefone: 94 1 647-159
           94 1 645-255
Fax.: 94 1 647-084

Society for International Development (SID)
Tina Liamzon
Viale delle Terme di Caracala
Rome 00144
Italy
Telefone: 396 591-1145

Social Investment Forum, UK
Penny Shepherd, Director
Suite 308
16 Baldwin Gardens
London EC1N 7RJ
UK
Telefone: 44 207 404-1993
Fax.: 44 207 404-1994
E-mail: info@uksif.org
Website: www.uksif.org

DIRETÓRIO DE ORGANIZAÇÕES 183

Social Investment Forum, US
Stephen Scheuth, President
1621 K Street NW, Suite 600
Washington, DC 20006
USA
Telefone: 001 202 872-5319
Fax.: 001 202 331-8166

Social Venture Network
P.O. Box 29221
San Francisco, CA 94129
USA
UK
Netherlands
Brasil
Thailand

Soka Gakkai International
Joan Anderson, Public Information Officer
15-3 Samon-cho, Shinjuku-ku
Tokyo, 160-0017
Japan
Telefone: 81 3 5360-9831
Fax.: 81 3 5360-9885
E-mail: jander@po.iijnet.or.jp

SOS Mata Atlântica
Rua Manoel da Nóbrega, 456
São Paulo – SP – 0400-001
Telefone: (11) 3887-1195
Fax.: (11) 3885-1608
E-mail:comunicação@sosmatatlantica.org.br
mailto: comunicação@sosmatatlantica.org.br
Website: www.sosmatatlantica.org.br
http://www.sosmatatlantica.org.br

*South Asia Watch on Trade Economics and
Development*
Dhrubesh Chandra Regmi, Treasurer
P.B. No. 14307
Kathmandu
Nepal
Telefone: 977 1 490143
Fax.: 977 1 493133
E-mail: fppi@sawtee.wlink.com.np

Susan George
10 rue Jean Michelez
Lardy
91510
France
Telefone: 33 1 6927-4715
Fax: 33 1 6082-6668
E-mail:susangeorge@wanadoo.fr

Third World Network
Martin Khor, Director
228 Macalister Road
Penang 10400
Malaysia
Telefone: 604-2266150
            604 2266159
Fax.: 604 2264505
E-mail: twn@igc.apc.org
        twnpen@twn.po.my
Website: www.twns.ide.org.sg

Toda Institute
Dr. Majid Tehranian
Honolulu Center
Kapilani Blvd., Suite 1111
Honolulu, HI 96813
USA
Telefone: 001 808 955-8231
Fax.: 001 808 955-6476
E-mail: mtehrani@isdi-hi.com

Trans National Institute
Fiona Dove
Paulus Potterstraat 20
Amsterdam
1071 DA
Netherlands
Telefone: 31 20 662-6608
fax.: 31 20 6757176
E-mail: fdove@worldcom.nl
Website: www.worldcom.nl/tni

184 ALÉM DA GLOBALIZAÇÃO

UNCTAD
Carlos Fortin
Deputy Secretary-General, UNCTAD
Palais des Nations
Geneve 10, CH-1211
Switzerland
Telefone: 41 22 917-5809
              41 22 917-0042
E-mail: carlos.fortin@unctad.org

United Nations Volunteers
Postfach 260 111
D-53153
Bonn, Germany
Telefone: 49 228 8152000
Fax.: 49 228 8152001
E-mail: hq@unv.org
Website: www.unv.org

*UN Non-Governmental Liaison Service
(NGLS)*
Hamish Jenkins, Programme Officer
Palais des Nations
Geneva
CH-1211
Switzerland
Telefone: 41 22 917-2078
Fax.: 41 22 917-0049
E-mail: hamish.jenkins@unctad.org

Women's World Banking
Nancy Barry, President
140 East 40th Street
New York, NY 10016
USA
Telefone: 001 212 719-0414

*World Federalist Movement,
International Secretariat*
777 United Nations Plaza
New York, NY 10017
USA
Telefone: 001 212 599-1320
Fax.: 001 212 599-1332
E-mail: wfm@igc.org
Website: www.worldfederalist.org

World Vision Australia
Brett Parris, Policy & Campaigns Officer
1 Vision Drive
East Burwood VIC
3151
Australia
Telefone: 61 3 9287 2383
Fax.: 61 3 9287 2315
E-mail: parrisb@wva.org.au
Website: www.wvi.org/aus

World Wildlife Fund International
CH-1196 Gland
Switzerland
Telefone: 41 22 364-9111
Fax.: 41 22 364-0074
Website: www.panda.org